Canu'n Iach!

Cwm Alltcafan

Fuoch chi yng nghwm Alltcafan
Lle mae'r haf yn oedi'n hir?
Lle mae'r Sane Gwcw glasaf?
Naddo? Naddo wir?

Welsoch chi mo afon Teifi'n
Llifo'n araf drwy y cwm?
Welsoch chi mo flodau'r eithin
Ar y llethrau'n garped trwm?

A fum i'n y Swisdir? Naddo.
Na nac yn yr Eidal chwaith,
Ond mi fûm yng nghwm Alltcafan
Ym Mehefin lawer gwaith.

Gweled llynnoedd mwyn Kilarney
Yn Iwerddon? Naddo fi;
Tra bu rhai yn crwydro'r gwledydd
Aros gartref a wnes i.

Ewch i'r Swisdir ac i'r Eidal,
Neu Iwerddon ar eich tro,
Ewch i'r Alban, y mae yno
Olygfeydd godidog, sbo.

Ond i mi rhowch Gwm Alltcafan
Pan fo'r haf yn glasu'r byd,
Yno mae'r olygfa orau,
A chewch gadw'r lleill i gyd.

Welsoch chi mo Gwm Alltcafan,
Lle mae'r coed a'r afon ddofn?
Ewch 'da chi i Gwm Alltcafan,
Peidiwch oedi'n hwy . . . rhag ofn!

Canu'n Iach!

T. Llew Jones

Gwasg Gomer
1987

Argraffiad cyntaf - Gorffennaf 1987

ISBN 086383 372 1

ⓗ T. Llew Jones, 1987 ©

Argraffwyd gan J. D. Lewis a'i Feibion Cyf.,
Gwasg Gomer, Llandysul

Cyflwynedig i'm dau fab,

EMYR a IOLO

Cynnwys

Cynnwys (Parhad)   *Tud.*

Cynnwys (Parhad)   *Tud.*

Cynnwys (Parhad)

Carreg Bica Llangrannog

Rwyt yma yn dy gwrcwd fel hen wrach
Yn swatio a myfyrio ym min y lli;
Hacrach na phechod wyt, â chyndyn grach
O gen a chregyn dros dy wyneb di.
Ond mae i ti gadernid nas medd cnawd,
A thragwyddolder nas medd pethau'r byd,
Ac er i'r myrdd drycinoedd boeri'u gwawd
Ar dy esgeiriau, cadarn wyt o hyd.

Fe deimlaist hafau'r oesoedd ar eu hynt
Yn lapio eu gwresowgrwydd am dy war,
Bu'r gaeaf hefyd—â'i gynddeiriog wynt
Yn hyrddio'i ewyn eira dros y bar.
O'th gylch chwaraeodd, trwy'r canrifoedd deir,
Hen blantos oes yr ogo'—ac oes y ceir.

11

Cywydd: Mawl i Ferch

Di-fai fo clod fy Awen
I'r ferch dlos o'r Chwedlau hen;
Y fun honno, fel glöyn,
Wnaed o'r gwlith a blodau'r glyn;
A glanach na goleuni
Hardd y wawr oedd ei grudd hi.

Hudlath Math fu'n rhithio merch
Luniaidd mewn dirgel lannerch,
A Gwydion yno'n annos
O'r dail ir y wyry dlos.

Llunio bun o'r llwyn banadl,
A theg oedd hi yn ddi-ddadl.
Fel dwy don yn gwreichioni,
Ei llygaid glas eirias hi;
Dwy fron wen fel c'lomennod,
Lliw ei chroen fel lluwch yr ôd:
Gwefus fel y mefus mwyn
Neu gynnar ros y gwanwyn;
A llais mwyth fel arllwys medd
Aurfelyn—sŵn gorfoledd.

Lluniwyd i Leu Flodeuwedd
O lysiau gwyllt,—tlws ei gwedd;
A hi a ddug iddo ef
Ddyddiau o hir ddioddef!

12

Caned prif feirdd ein cenedl
Fynych wawd i fun y Chwedl,
Ond gwn am wridog eneth
A haedda fawl yn ddi-feth!
Y ddyn fwyn! Ei grudd ni fedd
Liw dewin fel Blodeuwedd,
Ond ni chaed yn hon ychwaith
Na choll na'r un dichellwaith;
Yn nawdd im y glynodd—heb
Wendid nac anffyddlondeb.

Fy nghraig pan chwytho'r storom,
Hi a saif rhyngof a siom.

I'r fun sy'n swcr fy annedd
Dof i â mawl . . . hyd fy medd.

Hen Aradr Geffylau
(Pan fu prinder olew)

Fe dystiai pawb—economegwyr clyfer
A'r gwladwyr gwylaidd, fod dy oes ar ben;
Fe fedrai llanc ar dractor 'redig cyfer
Gymaint ynghynt na'r gŵr rhwng deucorn pren.
Ac felly gwerthwyd Bowler, Bal a Deimwn,
A rhoed i'r Fforden ryddid grynnau'r âr,
A darfu gwyrth y grefft ar ddiwrnod preimwn,—
Tydi, y gŵr, a'i ddisgybledig bâr.

Cest rydu yn y clawdd dan glog y rhedyn
Lle chwifiai'r dynad poethion wyrdd eu sgorn.
Ond pan aeth olew'n brin fe'th welwyd wedyn,
A gŵr y wedd yn wargam rhwng dau gorn.
Cest eto osgordd o wylanod hoyw
A sglein yr heulwen ar dy gastyn gloyw.

14

Alun Cilie'n 70 oed

Hwrê heno i'r brenin!—Hwyl iddo
  Ar ben blwydd y dewin;
I ddiguro fardd gwerin
Iechyd da! A thracht o win!

Gofyn Bendith cyn Noswylio

Tân f'aelwyd yn farwydos—a stŵr hwyr
  Y stryd wedi aros;
Ein Iôr ni, rhag ofnau'r nos
Anniogel—bydd yn agos.

Gobaith

Gwyn fyd o hyd, a gredo—'n ei galon,
  Pan fo'n galed arno,
Y rhydd haul, er prudd wylo,
Ymyl aur i'w gwmwl o.

15

Cywydd i amddiffyn enw da'r Aderyn Du o Goed-y-bryn

(Pencerdd holl adar cerdd Cymru!)

(Cywydd ateb yw hwn i gywydd a dderbyniodd y bardd oddi wrth ei gyfaill,
y Prifardd Dic Jones, yn hawlio fod ganddo ef, yng Nghwmhowni, yn agos i'w
gartref, aderyn du a oedd yn gystal, onid gwell, cantor!)

Mae onnen yng Nghwmhowni
O'r hen oes, ac arni hi
Mae ieuanc geiliog mwyalch
Euraid ei big, o frîd balch.

Mawr ei stŵr, nid cantwr coeth,
Ar onnen pynciwr annoeth,
Megis prentis pur wantan,
Llawen gyw yn llunio'i gân
Gynta' 'rioed awr oed â'r iâr,
A direidus ei drydar!

Berw o awydd, heb reol,
Off â hi—y carwr ffôl;
Nadwr llon â hyder llanc
Ac afiaith ceiliog ifanc.
Nofisaidd iawn ei fiwsig,
Ond rywfodd fe'th dwyllodd, Dic!

. . . .

Am unwaith i Gwmhowni
Af ryw nos â'm ffefryn i;
Cei wrando'i wyrthiol solo
A'i hardd lais gwefreiddiol o.
Clywed uwchben o'r pren praff
Glasurol fiwgl y seraff.

16

A'i eirias dôn ddwg dros dud
Adeg o osteg astud;
Gwrendy gwig ar nodau'i gân
Ac ar ddawn pencerdd Anian.

Ar ynnfrig distaw'r fronfraith,
Ni chân teiliwr Llundain chwaith,
A bydd llonydd y llinos
A'i chyfarch—o barch i'r "bos".

Daw'r gwylain i glustfeinio
A daw'r praidd i wrando'r "pro".
Trwy'r goedlan bydd syfrdan si
A dal anadl hyd lwyni;
Mud maes tra pyncia'r maestro,
Mud y nant am ei diwn o.

Dy geiliog di, o g'wilydd
Yng nghlyw'r gân, yn fudan fydd,
O gywir barch gwyra'i big,
Rhoi'i ged i feistr y goedwig.

I "solo twps" ail yw tôn
Y carwr ifanc gwirion,
Gwag drydar o'i gymharu
 stôr dawn y maestro du;
Hed o'r coed gan ildio'r cwm
I'r "estron" ar ei rostrwm.

Y Gwanwyn Mud

(Cerdd ddarogan—ar ôl darllen "Silent Spring")

Rhoddodd Iôr yn ardd i Ddyn
Blaned hud; a'i blant wedyn
A rannodd ddaear honno,
Ddyffryn a bryn, ers cyn co'
'N rynnau ir i'w trin a'u hau
Mewn chwys, trwy'r mynych oesau.

A'r hen ardd roes Iôr i ni
Yn rhodd, sy'n llawn budreddi!
Olew a mwg—tail y "moch"
A rydd fawl rhwydd i Foloch.

Mae hon mwy'n domen amhur
O ddinistr y gwyddonwyr.
Lle bu gwlad werdd, ffynadwy
Mae drewdod a malltod mwy.

Y nant risial—fe'i treisiwyd,
Llawn budreddi ei lli llwyd,
Rhyw cyfog chwerw ac afiach
Hyd y foel yw ei ffrwd fach;
Heddiw'n sur heb ddawns arian,
Ffos y clwy, heb ei physg glân.

I'w sgawt ni ddaw pysgotwr
Â'i wialen dal i lan dŵr
I dwyllo o'r ffrwd allan
Wedi glaw'r eogiaid glân.
Ofer fyth iddo fwrw ei fach
I bwll yn ffyddiog bellach,
O'r gwyll ni chwyd brithyll brych
Am hwnnw, er taflu mynych.

18

Ni ddaw'r ychen hamddenol
O wres y dydd ar draws dôl
I oedi yno'n llonydd
"Dan y coed yn y cyhudd".

Mwll ei dŵr a seimllyd yw,
A sgŵd heb fiwsig ydyw;
Hyd ei gwaelod sorod sydd
A gwenwyn ein mawr Gynnydd.

Ni ddaw gwin gwyrdd y gwanwyn
O'r llwch i wythiennau'r llwyn,
Maent yn wag, a phob blagur
Heddiw'n sâl a'r pridd yn sur.
Ni ddaw i'r hen dderwen ddail
Na'u haur gywion i'r gwiail;
Gwig ni fedd irder heddiw
Na'i hieuanc gerdd ar gainc wiw,
Sguthan na brân yn ei brig,
Na thai adar plethedig.

Ni ddaw'r ias o'r ddaear hen
I grynu ym mrig yr onnen
Nes taenir ar fast honno
Hwyliau dail dros ei moel do.

Ni ddaw y rhos hardd ei rudd
I lwyn, fel gem ysblennydd
Yn ôl o gell marwolaeth;
Na'r gwyddfid trwy'r concrit caeth.

Oer glai heb arogleuon
Mwy yw'r ardd ddigymar hon.

. . . .

Hen ardd ddi-staen roddaist Ti,
Hael Iôn, yn waddol inni;
Rhywle i fyw i'r Hil fyth,
Gwiw hafod yn dragyfyth;
Ond Dyn ei hun aeth â'i nodd,
Difwyno'i stâd a fynnodd,
A throi'n hysb ei thirion âr,
Andwyo rhin ei daear,
A lluddias irlas arlwy
Egin haf, â'i fwg a'i nwy.

. . . .

Fe waeddaf i'r ffurfafen,
"Ai Dyn balch sy'n dwyn i ben
Hynny i gyd . . . cyn y gwêl
Rybudd ei domen rwbel?"

Y Ceiliog Mwyalch

(Ar ôl ei glywed yn canu fin nos yn ymyl Pentalar, hen gartref y diweddar
Alun Cilie, a ganodd sawl cywydd ac englyn o fawl i'r un aderyn)

Canodd dy geiliog neithiwr
O'r dderwen ger Dôl Nant
Ag afiaith hafau'r oesoedd
Yn ei gyforiog dant.

Canodd â'r cwm yn astud
Yn gwrando'i euraid grwth,
Fel pe i'th ddenu eto
I'w wrando wrth ddôr dy fwth.

Canodd fel petai'n disgwyl
Dy gywydd mawl fel cynt,
Heb wybod dim am elor
A'r hen, ddiddychwel hynt.

Canodd dy fwyalch neithiwr
Anfarwol fawl i ti,
A thalu'r pwyth, hen gyfaill,
Megis na fedraf fi.

Mam

Wylais wrth weld ei chlai
Yn ei garchar pren,
Mor oer,
Heb gyffro bywyd na sirioldeb mwy.

Ffyddiog oedd llais yr Offeiriad,
"Efe a heuir mewn llygredigaeth
Ac a gyfodir mewn anllygredigaeth . . ."

Ond oni welsom ni,
Trwy fisoedd ei chystudd,
Y gwyfyn yn datod
Ei hardderchowgrwydd,
Yn difa'i deunydd?

Oni welsom y golau yn ei llygaid
Yn pylu ac yn diffodd?

Ac eto . . .

Yn dwyn ei harch
Roedd ei hwyrion cyhyrog hi;
Meibion ei meibion oeddynt;
Ac onid ei gwaed hi
Oedd yn fwrlwm yn eu gwythiennau hwy?

A thu ôl i'w harch fudan,
Yn lluniaidd a theg,
Fel merched Jeriwsalem,
Y rhai a ddilladai Saul ag ysgarlad,
Cerddai ei hwyresau swil,
Sef plant ei phlant,
A'u plant hwythau.

22

A hwy fydd etifeddion y ddaear;
A hwy a fwriant had,
Ac a ddygant ffrwyth;
A llinynnau ei chadernid hi
A fydd arnynt.

Ac am ei bod hi'n wâr, a thrugarog a thriw,
Felly y byddant hwythau hefyd.
A bydd tiriondeb lle trigant,
A'r ddaear a flodeua'n ardd dan eu traed.

A bydd hi,
Y fwyn fam,
Yno yn ei chanol,
Yn briffordd a ffordd,
Yn ddolen â'r gorffennol,
Yn seren yn ffurfafen eu nos,
Yn ofal uwch pob crud newydd.

Ewch â'r arch i'r pridd,
A rhowch orffwys i'r cnawd cystuddiedig;
Ac nid wylaf mwy.

Canys
Y mae Mam yma o hyd
Yn ynni mawr yn ein mysg.

Yn Angladd Mam
(ym mynwent Capel Mair)

Heddiw, gwae fi, y rhoddwyd,
Yn oer lain yr hen erw lwyd
Fy mwyn fam; honno a fu
'N angyles uwch fy ngwely;
Yr un oedd rhag ofnau'r nos
Aneirif, yno'n aros.

Fy nghraig wen, fy angor gynt,
A ddaliai yn nydd helynt,
Fy encil ben bwy gilydd
Caer fy nos, swcwr fy nydd.

Di-feddwl-ddrwg, di-wg oedd
A model o fam ydoedd,
Ow'r ing tost rhoi pridd drosti!
Archoll oer ei cholli hi.

Er i mi hir grwydro 'mhell,—
I'm cam bydd mwy i'm cymell
Adre'n ôl,—un darn o âr,
Anwyle fy nwfn alar;
Yno gwn fe'm deil yn gaeth
I'w hoff weryd—raff hiraeth.

Cyfres o Gofiannau

Dewi Emrys

Braf yw dy gofio, Brifardd,
A'r swyn oedd i'th berson hardd,
Hen her dy lygad eryr,
Y traethu pert a'r iaith bur.
Y ddawn hunanfeddiannol,
Y swagro a'r ffugio ffôl.

Dy gofio'n deyrn coronog
Ein Gŵyl Awst, dan borffor glog;
A'r hen wên falch, frenhinol
Dros y dorf o'th bedair stôl.

A'th gofio di wedi hyn
Yn fethiant yn dy "Fwthyn",
Athrylith y gwallt brithlwyd
Yn awr yn fardd prin o fwyd;
Heb yno dân—neb yn dod,
Odid neb yn d'adnabod.
Yn nydd gloes anghofiodd gwlad
Drist ing y darostyngiad.

Bu haul Awst ar dy wallt blêr,
Hen leban Prifwyl "Aber"!
Roedd hwyl pan ddiarddelwyd
Gan rai llai, fy arwr llwyd.
A chaled fu troi wedyn
O'r steddfod yn ddiglod ddyn;
A rhai'n dannod y tlodi
A'th hynt ŵyr a'th fethiant di.

. . . .

25

Darfu'r cam, ym Mhisgah mwy;
O'i hun drom nid â i dramwy
'N iach i'r Ŵyl, na chreu helynt.
Ei ing a'i fai, angof ŷnt.

Huned o yn nwfn daear,
Mae'i enw'n chwedl, cenedl a'i câr!

Er Cof am Llew Phillips

Y Llew annwyl! Lle heno—y mae rhin
    Hen Gymraeg Sir Benfro?
    Mae'r wên ddigymar honno,
    A'i ddawn a'i ddysg? *Erys co'!*

Hir-a-thoddaid
(I gofio am y diweddar Gapten Jac Alun Jones. Y bardd ei hun sy'n llefaru.)

"O roi'n y gweryd yr un a gerais,
Yr un benfelen, fy mun ddifalais,
Amdani hi yn dyner dyheais
A daear werdd ei beddrod a gerddais,
O gladd ei llwch, galwodd llais—diymwad
Uwch gwae dyhead—ac fe'ch gadewais."

26

Isfoel

(yn null y "Ddau Bob ym Mharadwys")
(Tybiwn mai cofiant fel hyn a ddymunai ef!)

Angau a roes yng ngro'r Wig
Haid o "adar" nodedig;
Beirdd, crefftwyr, pregethwyr gwych,
'Nôl stori'r meini mynych.

Yno'n ei llawr brynhawn Llun
Daearwyd prif aderyn;
Fan draw dan fondo'r ywen
Caewyd llwch am farcud llên!

Yng ngwynfa bydd arabedd,
Hwyl di-ail o weld ei wedd,
A thua'r ddôr ato rhed
Iolo a Thudur Aled!
Bardd yr Haf ac Alafon
A'r gwron mawr—Gronwy Môn;
Rhed y beirddion ato'n haid
Am y ras â'r Morusiaid.

O draw â'i branc, Llwyd o'r Bryn
Ddaw o hirbell i'w dderbyn,
Ar ris y drws aros dro
"I wladaidd ymgofleidio";
Annog "Ust!" ac yna gwaedd
Fawr fod cawr wedi cyrraedd!
O'i gael i'r Nefol aelwyd
Ni dderfydd llawenydd Llwyd.

Ffred a Siôr ddaw i'r fforwm,
S.B. a Thydu a Thwm,
A bydd rhannu yn llu llon
O gyfoeth hen atgofion.

Ar lawr mae hir alaru,
Tewch â sôn! Mawr dristwch sy'!
Rhoed i'r llwch ymherodr llên
A thawodd gloywiaith Awen.

O'n holl feirdd gwlad clodadwy,
Ni ddaw i'm mysg ddewin mwy!

Er Cof am Sali Davies

Wedi'r aberthu dros Gymru druan,
Gwae i ni golli'r eneth o Gellan
A holl ferw byw ei llefaru buan.
Wrth gofio heno ddewrder ei hanian,
Daw hiraeth am wallt arian—a choeth iaith
A llawen afiaith Sali Llwyn Ifan.

Idwal Jones

Heddwch i lwch yr athrylith lachar,
Lluniwr gwên aeth i'r gell yn rhy gynnar;
Am afiaith Idwal mae gwlad yn 'i galar,
A gwae'r adeg heb fiwsig yr "Adar".
Ei hwyl ef ni thau ar lafar,—a rhin
Chwerthin y dewin ni roed mewn daear.

I alar yn rhy barod—y buom,
　　Beiwyd ein diflastod
　　A'n canu dwys gynt—cyn dod
　　Anwyldeb ei "Idwaldod".

Erlid gofid wnâi Idwal—efo'i hwyl
　　A'i ddawn fawr, ddihafal;
　　Dyn a'i ymennydd yn dal
　　Gemau'i ffraethineb gwamal!

Meddai brydferth ddawn chwerthin,
Ni bu erioed ddawn mor brin.
Dewr ei wên a'i nerth ar drai,
Wrth ddihoeni chwerthinai.

Y ddawn fawr—os heddiw'n fud,—i'n hoes ddwys
　　Hi a ddeil yn olud;
　　Dawn Idwal—mae'n falm i fyd,
　　Lle bo, gall loywi bywyd.

Bob Owen

Corrach a'i drem yn fflachio,—chwim ei air
   A chymêr diguro;
   Lle ceid dau'n ei amau o
   Dilynai tymestl yno!

Dyn siŵr mewn dadl, dansierus,—a hen wag,
   Ysmygwr anhrefnus,
   A'r llwch yn haenen drwchus
   O'i sigaréts dros ei grys.

Uchel ei floedd ydoedd o,
A dewr ymhob gwrthdaro,
A "Duwch!" ni wrthodai her
Undyn, er ei fychander.

Llonydd yw'r llyfrgell heno,—unig fan
   Heb ddogfennau'n llwytho
   Ei silffoedd oedd yn fanc iddo,
   Storfa'i hynod wybod o.

O'r direidus ffrwydriadau!—Y llafar
   Megis llif rhaeadrau!
   Erys cof . . . ond mae drws cau
   Ar dalent "drylliwr delwau".

Bob Tai'r Felin

Yr hen ŵr â'r corn arian!
Er i ro'r gwys fferru'r gân,
Heno'n y co' y mae cainc
Yn ysgwyd o'i felysgainc,
Hen fydr hoff Hafod y Rhiw,
Mewn odlau imi'n edliw
Heddiw'r gitâr dragwyddol
Sy'n mwmian cân ymhob côl
Heb ei reddf—ac O, mor brin
O orfoledd Tai'r Felin!

Hen wladwr a'i faledi
'N llawenhau'n hwyrnosau ni;
Gwerinwr tal a chwrtais,
Denai'r wlad â'i denor lais;
Hyfryd oedd hwnnw'n cwafrio
I nwyf ei gân fywiog o!

Daeth i ben foli "Gwenno",
Darfu swyn ei "Wanwyn" o;
Yn ŵr plaen ni thry i'r Plas
Ar alwad Sgweier Rhiwlas,
Ar wŷs hapus i'r swper
I hudo pawb â'i wawd pêr.
Ond daw i ni wedi hyn
Nwyf y mwynllais fu 'Mhenllyn,
Can's ar record mae cordial
Ei hen dôn hyd heddiw'n dal;
I'w wlad, anfarwol ydyw,—
Yn ei fedd a'i lais yn fyw!

Llwyd o'r Bryn

Mae'r stori? Mae'r gwmnïaeth?
Mae'r hen ffrind mor heini a ffraeth?
Mae'r wyneb oedd mor annwyl?
Mae'r llon wedd mor llawn o hwyl?
Mae'i wynias idiom heno?
Mae'r mawr lais? Mae'r môr "HELÔ!"?
Mae'r codi llaw groesawgar?
Mae'r bardd hoff? Mae'r beraidd "R"?

Mae cawr mawr cyrrau Meirion,
Athrylith darlith neu dôn?
Mae Bob—a phle mae'i bibell?
Oglau mwg a'r heglu 'mhell?
Ble heddiw'r fodffon honno,
'I huawdl fawd diedliw fo?

Daw awr i bawb ado'r byd,
Cyfiawn ac euog hefyd,
Ac er eu maint daw'n gwŷr mawr
I'r ddwylath fer o ddulawr,
Neu i wrn â chlawr arni,
A'u chwâl lwch yn ei chôl hi.

A lle'r Llwyd yw llawr y llan,
Y Llwyd â'i hiwmor llydan.
O'r Drewgoed (chwerw y drygair)
Aeth i'r bedd dieithr heb air.

Cawr o gorff, cyhyrog oedd,
Troediwr y pellter ydoedd,
Ni ddaw at "bethe'r" Awen
Bob Llwyd tua'r Babell Lên

Yn gyfan glwt o gefn gwlad,
I roi yno'i gyfraniad
Byth rhagor; mae'r ddôr ddu
A'i thaw hir ar lythyru.

I Gofio am y Diweddar Gapten Jac Alun Jones

Mae heno'i awen a'i lon gwmnïaeth,
Y miri hwyr a'r brolio morwriaeth?
Rhamantau'r eigion a'i fyw chwedloniaeth?
O'i fodd yr hwyliodd trwy gilfor alaeth;
A gwn i paham y gwnaeth. Mae'r ateb
Yn y ddihareb . . . "Ni dderfydd hiraeth".

Er Cof am y Capten Jac Alun

Hiraethodd, a thros drothwy—'i dorcalon
    Draw ciliodd o'r gofwy,
    Yn yr oed, hwnt i'r adwy,
    Un y "Mêt" a'r Capten mwy;*

A chludo arch a chloi dôr—arno fu,
    Gywrain fardd y Cilfor;
    A'r storiâu, rhamantau'r môr
    Aeth i'r Wig am byth rhagor.

*Yr oedd llun yn y Cilfor o'r Capten a'i wraig mewn dillad morwr.
† O dan y llun roedd ef wedi sgrifennu—"Y Capten a'r Mêt".

Er Cof am Alun Cilie

Gwae ddyfod diwrnod du
Rhoi Alun i'w oer wely,
A gwae ym Mawrth gau ym medd
Athrylith o'i hir waeledd.
Gwae rhoi i lawr i'r garw lwch
Gawr afiaith a digrifwch;
Colli'r hwyl a'r cellwair iach,—
Pallodd ffraethineb bellach.

O roi Alun i huno
Doethur y grefft aeth i'r gro;
Aeth y blaenor o'r fforwm
A bydd ein Llên hebddo'n llwm.
Ys truan mwy'r Gynghanedd
O roi meistr y mydrau ym medd:
Y gŵr, o'i sawdl i'w gorun,
A fu yn ddeddf ynddo ei hun!

Daw'r gwanwyn ar ei fwynaf
I'r Foel hen, a heulwen haf,
Daw'r ŵyn i'r mawndir yno
Â'u newydd ddawns . . . *Ni ddaw o!*

Ac ym Mai'r ceiliog mwyalch
A ddaw i'r gwŷdd, bibydd balch,
Â'i gerdd lawen i'w "fenyw",—
O nos y glyn . . . Ef nis clyw!

Gwair a ddaw i Barc Gaer-ddu
A haul ha'n ei felynu,
Ac i'r Graig daw'r grug a'i wrid,—
Ni ddaw ef . . . Hyn sydd ofid!

Ond â'i hiwmor a'i stori
Daw i'n hwyr seiadau ni,
I ddeddfu'n ei ffordd addfwyn,
Yn ddoeth er i'r Angau'i ddwyn.
I'r oed, â'i hen ddireidi
Daw'n ôl, a *bydd* gyda ni!

.

Er Cof am Waldo Williams

Mae'n hud ar Ddyfed, ac fe wyddom pam,
Mae Waldo wedi mynd a'n gadael ni;
Dewin, fel Gwydion oedd, â'i drem yn fflam,
A'i ddawn a'i chwedlau fyrdd, a'i chwerthin ffri.
Ac fel y Seithwyr gynt yng nghwmni'r Pen
Yng Ngwales dirion, wedi cleisiau'r drin,
Cawn ninnau eto'i gwmni yn *Dail Pren,*
Ac eilwaith ddrachtio'r cyfareddol win.

Yfory bydd rhaid agor dirgel ddôr
A gweled pethau eto fel y maent,
Gweled yr Iaith yn machlud yn y môr,
A'r hen seisnigrwydd haerllug dan y paent.
Ond heddiw boed i gân ein "Pibydd Brith"
Gadw cynhesrwydd gobaith yn ein plith.

Cofio Gwenallt

Mae ynof dristwch cofio—amdanat,
 Am dy wên a'th osgo;
 Gwae'n llên heb gannwyll heno,
 A gwae'r Iaith a thi'n y gro.

Cenaist i'r De a'r cyni,—ac i loes
 Y gwaith glo a'r ffowndri;
 Oddiyno daeth dy ddawn di
 Yn oludog o'r tlodi!

Arlwy wych ein cynnar lên—a geraist,
 Swyn gair a chystrawen;
 A mawrhaest dy Gymru hen,
 Ond y "Saer" fu dy seren.

Y "Saer" hwn roes arweiniad—i'th einioes
 A thân i'th gymeriad;
 Buost deyrngar i'w Gariad,
 A'i Groes Ef fu dy grwsâd.

Mae ynof dristwch cofio—am wyneb
 Fel maen wedi'i gerfio;
 Ag ôl llafur a churio
 Ar ei glir rigolau o.

Y garw wyneb—fel grynnau—y gweryd
 Yn Sir Gâr dy dadau;
 Yno roedd yr hen wreiddiau,—
 Yn ei thir dy gân ni thau.

Yng Nghwmni Waldo ("Cofio")

Ei gofio ar ambell dangnefeddus hwyr,
Â'i lygaid weithiau'n fflam, ac weithiau 'nghau,—
Fel hen gyfarwydd yn ein denu'n llwyr
I wrando ei ddihysbydd ystoriâu.
Hir a throfáus oedd rheini, ac roedd un
O hyd yn gwyrthiol gydio wrth y llall!
Amled oedd ceinciau mabinogi'r dyn,
Ac ar ei gof a'i barabl nid oedd ball.

Ac wrth ei wrando . . . dôi'r gymdeithas wâr
A fu yn Nyfed unwaith eto'n fyw;
O'r caeau gwair, a thawel rynnau'r âr
Dôi chwerthin pobl ddedwydd ar fy nghlyw . . .
Cyn dod o'r bwystfil dros y muriau draw
A chyn difwyno'r ffynnon gan y baw.

Er Cof am B. T. Hopkins

Wedi mynd mae cadernid y mawndir;
Fyth yno eilwaith ei fath ni welir,
Ust, chwerw dristwch a rodia'r rhostir
Heno, lle caewyd fy nghyfaill cywir;
Annwyl dant yr anial dir—a'r corsydd
A gloywaf awenydd bro'r gylfinir.

Ddoe yn ei dir mor wddyn â derwen,
Prydydd y gweunydd, y grug a'r gawnen,
Mae hwyl y llenor ffein wedi gorffen,
A'r cywydd-wehydd o dan werdd ywen.
Bydd yno byth, heb ddawn Ben—hen dristwch
Yn y llonyddwch o gylch Llyn Eiddwen.

I Gyfarch y Capten Jac Alun, Cilfor, yn 70 oed, Ionawr 1978

Yng Nghilfor mae clodfori!—Mae heriwr
  Y moroedd yn sefnti;
  Ychwaneg, yn iach heini,
  O hafau teg fo i ti.

Llon "Hwrê" rodder iddo,—a'i Lyw'n nawdd
  Am flynyddoedd eto;
  Lawen gawr—ymlaen ag o
  I'r can Ionawr cyn huno!

Englyn Er Cof am y Capten Jac Alun

Llai heno'r blas ar stori,—llai heno
  Llawenydd y cwmni;
  Llai yr hwyl gerllaw'r heli,
  A llai dawn o'th golli di!

Er Cof am Fred Williams

O Gwelfor aeth i'w gulfedd,—a thalent
  Aeth i'w holaf annedd;
  Mae'r iaith lân? Mae'r Gynghanedd
  Beraidd mwy, a'r bardd ym medd?

Er Cof am B. T. Hopkins

"Rhos Helyg" droes o'i aelwyd,—awen fwyn
   Y fawnog a gollwyd;
  I hedd llan o'r gweunydd llwyd
  Bardd gwlad i'w bridd a gludwyd.

"A thristwch ddaeth i'r rhostir",—ac o'r waun
   Daw oer gri'r gylfinir;
  Wedi cau enaid cywir,
  Dewin iaith, mewn diffaith dir.

Mae'n ddistaw dinc ei Awen,—"grisial lais
   Y gors wleb" a'r gawnen;
  I'w hil dlawd golud ei lên
  A nyddodd wrth Lyn Eiddwen.

Yr enaid gwâr nid â o go',—a thlws,
   Bythol wyrdd ein cofio;
  O'n Gŵyl, gwae ni o'i gilio,
  Bydd hi'n wag heb ei ddawn o!

Er Cof am Evan Thomas (Login gynt)

Gŵr hawddgar a ddaearwyd,—a dawn brin
    Dewin bro a gollwyd;
    Aeth yr hwyl ffraeth o'r aelwyd,
    A'r llawen lais i'r llan lwyd.

Cymwynasgar, hawddgar ŵr—y dawnus
    A'r doniol gwmnïwr;
    Dwys yw dod at fedd di-stŵr
    Y diddanus dyddynnwr.

Ei gartref oedd ei nefoedd,—un selog
    I'r Sul drwy'r blynyddoedd;
    Caredig, cywir ydoedd,
    Yn y storm ffrind gonest oedd.

Yr hoff wag â'r corff egwan,—un gwylaidd
    Twymgalon oedd Ifan,
    Ca'dd boen hir, heb golli'r gân,
    A'i ddioddef yn ddiddan.

Er Cof am y Prifardd Tommy Evans, Tegryn

Y cawr "bychan" o'i annedd—a giliodd,
    Mae galar o orwedd
    Awen Taf ac etifedd
    Y Frenni Fawr yn ei fedd!

Englynion mewn Angladd

(Ym mynwent Hawen, Rhydlewis.
Er Cof am Eiddwen Davies, C.M., Rhydlewis,
a fu farw Medi 23, 1985)

I oer ddaear werdd Hawen—yn eu tro
Daeth y trist a'r llawen;
O fewn tir y fynwent hen,
Yma heddiw mae Eiddwen.

Yn ddistaw i ryw Hawen—down i gyd,
Yno i gael wrth orffen
Wrth ei hen borth ddwyn i ben
Ein lludded . . . felly Eiddwen.

Iddi hi yr oedd Hawen—yn annwyl,
Mwy, tynnach yw'r ddolen;
Ceir rhych o bridd ac arch bren
I'w chuddio . . . yn iach, Eiddwen!

Gwenallt

(Darn o gyfarchiad iddo wrth ymddeol)

Dyn pitw, ond o'n poetau
Cyfuwch dyn, cofiwch, â dau.
O ran ffrâm, rhyw bantam bach;
Yn ein llên saif yn llinach
Hen oreuwyr yr Awen,
Uwchlaw beirdd uchel ei ben.

Er profi'n feistr y prifeirdd,
Y lleia'i fost o'n holl feirdd.

41

Carreg Ateb

Clywai hogyn yn clegar—yn y cwm,
    Câi hwyl wrth ei watwar;
  Gwae heno'n yr henfro wâr
  Fe waeddais a hi'n fyddar!

Tanau'r Hydref

Marwor ar rudd mwyaren,—yn y gwrych
    Gwreichion ar y ddraenen;
  Rhuddwawr hardd ar dderi hen,
  Ac ar dân mae'r gerdinen.

Cwymp Dail
(O'r fasarnen fawr tu allan i'r ffenest)

Plant y gadarn fasarnen—ar wasgar
    A'u rhwysg wedi gorffen,
  Gwanwyd hwy gan y gwynt hen,—
  Dyna'u gwaed dan y goeden!

Herod

Er dy her, y dihiryn,—hyd dy fedd
    Buost fyw mewn dychryn,
  Ofni pob dirgel elyn,
  Ofni'r Oen yn fwy na'r un!

Adar Drudwy

Ceir hwynt ar dywydd crintach—yn y maes
    Yn hel mân bryfetach;
Yna'n unfryd fflŷd—mewn fflach,—
    Codi, fel chwifio cadach!

Calangaeaf

Fe ddaeth eleni eto
Â'i stormus wynt a'i law,
I hyrddio crinddail hydref
Ar wasgar yma a thraw.

A bydd y bwci heno
A'r wrach yn crwydro'r byd,
Y gannwyll gorff a'r toili,
A'r beddau'n ddatglo i gyd.

Bydd Anhrefn ar ei orsedd
Rhwng gwyll a thoriad gwawr,
Ond pwy'n ein hoes ddeallus
Sy'n coelio hynny nawr?

Does heno neb yn hidio
Am wrach nac ysbryd blin;
Mae'r set deledu'n olau
A'r dychryn ar y sgrîn.

Cysgod

Tan loer wen trychiolaeth plentyn—a slei
   Silẁet hen elyn;
  Yn araf dôi ar ffurf dyn
  "Rhwng dau olau" i'm dilyn.

Pwy sy'n loetran tan fantell—y t'wyllwch
   Tu allan i'm stafell?
  Oes o dan ei hugan hell
  Yn y gwyll, wn neu gyllell?

Ni ddaw ar ddiwrnod glawog—o'i wely,
   Mae'n rhy swil, neu'n ddiog!
  Dy ddilyn bob dydd heulog
  Lle yr ei yw dull y rôg.

Mud wyliwr, dôi i'm dilyn—yn hwyr gynt
   Gan greu gwae ar blentyn;
  Ac ofn y dirgel elyn
  O'm mewn a ddeil a mi'n ddyn.

Epigramau

Cariad ni fyn ei wadu
Na'i uchel arddel wrth lu.

Un cawr ni saif rhag cariad,
Eon yw'r fron na ŵyr frad.

Beth yw Gobaith? Y *gwybod,*
O dan y bai, fod da'n bod.

Y Bwthyn

Hen dŷ fy nhaid! O'i fewn o—nid yw nain
   Wrth dân hwyr yn pwytho,
  Ac nid oes dan gawn ei do
  Na thân na'r heniaith heno.

Del hafod i'r llai ffodus—neu i bâr
   Gychwyn byw'n gariadus,
  Od yw'n llwm, gall fod yn llys
  Euraid i ddau gysurus.

Chwefror

Llai ei hyd na'r lleill ydyw
A llai ei glod, gyfnod gwyw;
Iasau oer i'w iengtid sydd
Fel Ionawr, ei ragflaenydd,
Mud yw tant cornant y cwm
A'r geulan dan rew-gwlwm.

Mis cyndyn, nid mis ceinder,
A'i wynt main hyd at y mêr;
Mis heb irder i'r gweryd
Na phersain cerdd ffres nac ŷd;
Fel hen lew yn flin ei lais
Efo'i lwydni aflednais;
Y lleidr a hel holl dw'r haf
At sail y tusw olaf;
Gwae'r gwan rhag ei oriog wynt
A'r hen rhag ei ddwyreinwynt.

Mwy llariaidd wrth heneiddio
Yw'r Mis Bach, a challach o;
A bydd disgwyl a gwylio,
Ar waetha'i drwm orthrwm o
A'i foel agwedd,—am flagur
A hyder cerdd wedi'r cur.

Lle bu'r rhew daw'r addewid
Hyd erwau llwm, wedi'r llid
Fe welir, er hin filain,
Y crocws yn dlws hyd lain;
Pa ddistaw law roes ar led
Y di-rif lestri yfed
Ar y maes? Diau er mwyn
Storio gwin gwesty'r gwanwyn!

46

Chwefror sy'n agor dorau
Y gaer bridd i'r blagur brau,
Yn torri byllt dur y bedd
I'r hadau'n eu cyfrodedd;
Rhoi'r grym sy'n dryllio'r gramen
A chyffròi pob gwrych a phren;
Rhoi sgytwad i'r sug eto,
Bywhau'r gwraidd yn siambr y gro.

Yn heidiau daw'r brain wedyn
A'u hoer grawc i frigau'r ynn,
Parau du parod i waith
O ailgydio plygiadwaith
Eu nythau gwag, noeth eu gwedd
Wedi llanast y llynedd.
Abad du a'i wybod hen
A ddyry o frig y dderwen
Un bore â'i bib euraid,
Ei fawl i'r Iôr fel o raid,
Rhydd yno'r cantor cyntaf
Flaen-nodau cyngherddau'r haf.

A thry amaethwr i'w waith
Ar ddôl, i arddu eilwaith,
A chyn hir daw cychwyn hau
Ar rwn a thwrf peiriannau,
Tractorau â'u "cwt" arian
Draw i'r glwyd, o adar glân.

Yr Orsedd

(Parodi)

Liw dydd, liw dydd at feini
Yr Orsedd daw cwmpeini
ar draed, mewn ceir.

Cerddant mewn gynau gwynion,
rhai gwyrddion a rhai gleision
Yn bwyllog, ddeir.

Brynhawn, fe ddônt i'r llwyfan
Yn lliwgar osgordd gyfan,
Cyn urddo'r bardd.

Bydd pawb yn anwahanol
A Chynan yn y canol,
Archdderwydd hardd.

Tair cynnes gyfres dirion
Yn eu gwnosau hirion
Yn ddwys eu gwedd;

Gwyrddion, gleision, gwynion,
Yn wragedd ac yn ddynion
Tu ôl i'r cledd.

Ryfedd, ddigyffro dyrfa,
Does undyn a'u cynhyrfa
Dderwyddon mad

Ond uchel waedd o'r llwyfan,
A hyfryd nodau arian
Y CORN GWLAD.

Beddargraffiadau!

(1) Beirniad Llên

Aeth i'w ddwylath ddiddelwedd,—i hen bwll
    Heb wallau cynghanedd;
    Fe hwyliodd i'r gorfoledd,
    I chwilio bai uwchlaw bedd!

(2) Beirniad Canu

Prennaidd oedd y Soprano,—bwrw bai
    Ar y Bas a'r Alto;
    O frenin! Rhifir heno
    Yn y Farn ei feiau o!

(3) Beirniad Adrodd

Cwynai ynghylch Aceniad—neu Oslef,
    Pwyslais neu Ddehongliad;
    Aeth yntau fry i dŷ'i Dad,
    I roi Iddo'i "adroddiad".

Cywydd Marwnad i'r Sgweier

Ar awdurdod daeth codwm,
Ynad llys sy'n ei dŷ llwm,
Difesur doe ei feysydd
Dan ŷd a gwair, dan do gwŷdd;
A'i ran o ddaear heno,—
Chwe throedfedd ei fedd efô!

Mewn plas llydan trigiannai,
Aeth adre i le o lai,
I orwedd mwy'n y pridd mud
Mewn gwâl heb rym na golud,
Gwysiwyd o'i ddirfawr gysur
A'i droi i fwth derw ei fur;
Yn yr ing, pan ddaw'r Angau
Ust y twm sy'n gwastatáu;
Yr un faint yw'r rhan a fedd
Â'i daeog yn y diwedd.

Ar ei wych gel, marchog oedd,
Dychryn madyn chwim ydoedd,
Aruchel feistr yr helfa
Yn gwanu dôl â'i gŵn da,
A'i "Dali-ho"'n ego'n hir
Ar wastad ac ar rostir;
Ond tlawd heb y "Tali-ho"
A'r cŵn, yw ei drig heno.

Ei enw—bu'n falch ohono
A'r hen "berthyn" er cyn co,
Ac urddas tras a gwaed rhudd
Ei hen linach ysblennydd.
Ond un wedd yn y bedd bach
Yn y llan yw pob llinach!

Ddoe y byd roes iddo barch,
Heddiw heibio â'n ddibarch.
Mae'r weniaith? Mae'r morynion
Yn y llys fu'n gweini'n llon?
Ni red yr un ar fyr dro,
Na gwas, er sarrug wysio.
Ar awdurdod daeth codwm,
A'r "gŵr mawr" aeth i'r llawr llwm.

Segurdod

Aeth ein hoes yn wrthnysig,—mynnu tâl
   Am wneud dim bob cynnig!
   Streicio amal a dal dig;
   Dyna—y "clwy' Prydeinig".

Mwy o ddawn i hamddena—yw'r eisiau'n
   Yr oes ryfedd yma;
   Oes a gâr ymsegura,
   Ac eithriad yw'r gweithiwr da.

Gŵr diwyd, gwyn fyd efô,—i'r enaid
   Mae rhin mewn llafurio;
   Dyn heb orchwyl i'w ddwylo,
   Di-hwyl was y Diawl yw o!

Cywydd Cyfarch Trefnydd Angladdau ar ei Ymddeoliad

Rho dy ddu o'r neilltu nawr,—
Hen ddu'r adfyd mor ddrudfawr,
A rho ffarwél i'r elor
A lawnt hir hun plant yr Iôr;
I hers, a bythol arswyd
Hiraeth y gloch wrth y glwyd.

Na weler rhwysg bowler hat
Na mwrnin byth mwy arnat;
Atolwg ti a welir
Mwy heb wep a wyneb hir
Yn llawen ac yn gwenu
Yn dlws er syndod i lu.

Da y gwnest dy onest waith
A'th elor; ni ddaeth eilwaith
Un fwyn wraig o'r dwfwn ro,
Na dyn a roddaist yno.
Un ni throdd, ni chododd chwaith,
O'r gro i wfftio dy grefftwaith.

O'r elor ti wnest ffortiwn
Ac o wae dy filoedd, gwn;
Dos ragor i dreulio'r ha'
Ar fôr y Rifiera;
A cheisia haul iachusol
A swyn y Costa Del Sol.

Nes daw yn ddistaw ryw ddydd
Hyd y lôn, dy olynydd,
I'th ddwyn heb ronyn o'th dda
I'th ddwylath y waith ola'.

Marwnad i'r Aderyn Du

(Ym 1972 ni chanodd yr aderyn du o'r binwydden gerllaw Tŷ'r Ysgol, Coed-y-bryn fel yr arferai wneud bob gwanwyn, a chan dybio ei fod wedi mynd i ffordd yr holl ddaear lluniwyd y cywydd isod "er cof")

Yn swyno bro Coed-y-bryn
Bu dihareb o aderyn
Yn taenu gynt win ei gân
A'i huodledd o'r goedlan,
Ac ar fy ngair, llonnai'r lle
Â'i bib beraidd bob bore.

Eleni wele wanwyn
Heb dremolo'r maestro mwyn,
A'i egnïol gân newydd
A'i dirion gamp draw'n y gwŷdd.

Tros waneg troes y wennol
I'w hen nyth yng Nghymru'n ôl,
Hithau'r gog i'w deiliog dŷ
'N dod â'i deunod i'n denu.

I'r gwiail wedi'r gawod
Fy neryn du nid yw'n dod
I lunio ei delyneg
Â brwd hwyl ben bore teg.

Mae'r loyw bib? Mae'r alaw bert?
Gwefr ei osber gyfrwysbert?
Mae'r aur dant ym more'r dydd?
Mae'r cerddi ym mrig hwyrddydd?
Ai mudan o'i lwyfan glas
F'aderyn dafodeirias?

53

Ef oedd brenin y pinwydd
Â'i lais teg ar lasiad dydd,
A'i gân i'w lonydd gwennen,
A'i hwyl a'i sbri ar las bren!

Od yw'n fud ei awen fwyn,
(Hynod dalent y tewlwyn)
O, atalied yr hedydd
Ei dyner dôn i wawr dydd
A boed fudan gân y gog
A thiwn y fronfraith enwog;
A di-gôr fo'r goedwig werdd
Heb byncio clir y pencerdd.
Ofer gwawr os darfu'r gân,
Ofer hwyr heb fôr arian
Melodïau'r mawl diwall
A'r afiaith pêr fyth heb ball!
Un gân sy' mwy i'r gwanwyn,—
Canu'n Iach—fy mynach mwyn!

Gwenynen

O'r gweithwyr, y prysuraf—yn y fro
  Pan fo'r hin dyneraf;
  Crynhoi rhag gerwin aeaf
  I fwth yr hil faeth yr haf.

Ei dogn bwyd, ei gwin a'i bîr—a hawlia
  O ffiolau'r doldir;
  Adref heno daw'r feinir
  Yn feddw ar fedd yr haf hir.

54

Cyfarch yr Awen

Pan na ddaw gwŷs i'r Steddfod,
Neu'r dosbarth gyda'r hwyr,
A phan fo'r hen gyfeillion
Ar gefnu bron yn llwyr;

Pan na ddaw cais am stori,
Neu sgwrs, o'r B.B.C.,
Pan na fydd neb yn cofio
Fy nhlawd orchestion i;

Pan na cheir byth ddyfynnu'r
Un llinell fach o'm gwaith,
A phob rhyw gerdd a luniais
Yng nghôl yr Angof maith;

A phan fo'r dydd yn dirwyn
Fel nant i wyll yr hesg
A thrymder nos yn gorffwys
Ar fy nghyhyrau llesg;

A ddoi di heibio weithiau
I ddeffro'r cynnar nwyd,
A chwythu ar farwydos
Fy hen ddychymyg llwyd?

Os doi, caf flasu eto
Y cyfareddol win,
Ac ni bydd siom i'r machlud
Na phoen i'r hydref crin.

Y Clamai

Y calan mwyaf annwyl,
Hiniog haf a'i ieuanc hwyl,
Calan i'r gwan droi o'i gell
Hyd drothwy euraid draethell,
Ac i henwr ysgawnu
O'i nychdod a dod o'i dŷ.

Od wy'n hen daw hoen o hyd
Ar Ŵyl Fai—rhyw ail fywyd!
Yn ddiau'r chwa ddeheuol
Ddwg i mi'r hen asbri'n ôl;
Gwn na rydd, tra gweno'r haf,
Law hirnych afael arnaf.

Calan y gân yn y gwŷdd,
A'r mawl hyd drothwy'r moelydd,
Hardded yw cerddi diail,
'Deryn du uwch ei dŷ dail;
Tawelir côr y tewlwyn
Yn sŵn cwafrio'r maestro mwyn!
Daeth tymor oed i'r coedydd
A chanu serch yno sydd,
Paru a hel ar bob brig,
A thai adar plethedig.

A gofi'r hwyl, f'anwylyd,
A ninnau'n bâr gwyn ein byd,
Yn brochgáu ceffylau'r ffair
Yn y gwyll, a'r hen gellwair?
A'r lloer yn bendithio'r llw
Mwynaf—y Clamai hwnnw?

Daw heno hud bedwen haf
A'i hwyl eto'n ôl ataf;
Hen ŵyl undydd ffrwythlonder,
A'r dawnsio hwyr dan y sêr;
Ninnau'n rhan (yn ddiddan ddau)
O ddefod myrdd o hafau.
A gofi di, 'ngeneth deg,
Yr hud a oedd i'r adeg?
Nef a ŵyr sawl llw di-fai
A glymwyd ar nos Glamai!

Tydi hen ŵyl annwyl haf
Tyrd eto â'r hud ataf!

Y Nant

Troi melin fy hen linach—a wnâi hi
        Mewn oes lawer symlach;
    Dod trwy'r brwyn yn forwyn fach
    A rhoi'i hegni heb rwgnach.

Clebren y rhos; diosteg—ei pharabl,
        Ffwr' â hi bob adeg;
    Arian ei dŵr, a rhoi'n deg
    Nerth i'r rhod wna wrth redeg.

Hi yw'r gwin ym mro'r gawnen,—a phêr iaith
        Y ffridd foel a'r gefnen;
    A'i lli sy'n taro llawen
    Gywair cerdd ar y graig hen.

Baled: Llongddrylliad y *Royal Charter*

(Hydref 26ain 1859)

Pan gura'r glaw'r ffenestri
Ar ambell noson ddu,
A'r storm yn ei rhyferthwy
Yn ysgwyd muriau'r tŷ,

A phan fo'r gwynt yn chwiban
Ei ddicter yn y ddôr,
Bryd hynny cofiwn dynged
Y rhai sy'n hwylio'r môr.

A chofiaf fi hen hanes
A glywais gan fy nain
Am golli'r *Royal Charter*
Yn "eighteen fifty nine".

O, roedd hi'n llong urddasol,
Y *Royal Charter* gynt!
Â'i chwmwl gwyn o hwyliau
Yn bolio yn y gwynt.

Ac ni bu llong gyflymach
Yn hwylio'r don erioed,
Â channaid gŵys o ewyn
Yn agor o dan ei throed.

Llamai drwy'r *Roaring Forties*
Heb ofni'r gwynt a'i sgorn,
Marchogai gesig brigwyn
Y stormydd rownd yr Horn.

O "Weithie" aur Awstralia,
Ym mhellter eitha'r byd,
Cludodd y *Royal Charter*
Lwythi o'r metel drud.

Yn saff i fanciau Lloegr
Y dôi â'i melyn stôr,
'Rôl hanner can niwrnod
O hwylio'r eang fôr.

Ond ar ei hantur olaf
Ni welodd ben ei thaith,
Ar forlan greigiog Moelfre
Y cafodd wely llaith.

*   *   *

Y pumed dydd ar hugain
O Hydref ydoedd hi,
A hithau'n nesu adre
Dros lyfnion erwau'r lli.

Pawb ar ei bwrdd yn llawen,
Pob calon yn ddi-fraw,
A phawb yn ysu am weled
Hen borthladd Lerpwl draw.

Ar fwrdd y *Royal Charter*
Roedd chwerthin, dawns a chân,
A llawer llanc cellweirus
Yn fflyrtio â'r merched glân.

Heibio i borth Caergybi
Yr hwyliodd yn ddi-stŵr;
Ond cododd gwynt o'r gogledd
I grychu graen y dŵr.

A chododd caddug llwydlas
Yn sydyn dros y tir,
Gan guddio trumau'r Wyddfa
Oedd gynnau yn rhy glir.

A gwyddai'r morwyr hynaf
Fod storm ar ddod i'w cwrdd.
Oerodd·yr hin, a darfu'r
Rhialtwch ar y bwrdd.

Fel pan ddaw oerwynt hydref
I erlid cân o'r coed,
Felly y darfu'r chwerthin
A'r dawnsio yn ddi-oed.

Llwyd oedd y môr a brochus,
Â'r nos o'u cylch yn cau.
Cododd y gwynt yn sydyn,
A'r tonnau yn garwhau.

Duodd yr wybren drosti,
Cwympodd rhaeadrau'r glaw,
A thrwy'r tywyllwch rhuai
Y corwynt yn ddi-daw.

Roedd aruthr hwrdd y tonnau
Yn ddychryn ar eu clyw;
Roedd ofn yn nhrem y capten
Ac yng nghalonnau'r criw.

Yng ngrym y storom rhonciai
Y llong, yn feddw gaib,
A'r tonnau gwyllt yn bygwth
Ei llyncu yn eu rhaib.

Yr oedd y *Royal Charter*
Yn gwrthod llywio nawr,
Ni fedrai ddim ond drifftio
I fympwy'r storom fawr.

Drifftio! A gwynt y gogle'n
Ei chwythu tua'r tir.
Roedd creigiau Môn yn agos,
Fe drawai cyn bo hir!

"Gollyngwch angor!" gwaeddodd
Y capten. "Lawr ag ef!"
A'r morwyr a'i gollyngodd
Wrth gadwyn haearn, gref.

"O'r starn—yr angor arall,
Rhag inni 'i cholli hi!"
A phlymiodd yr ail angor
I grochan berw y lli.

Fe ddaliodd y ddau angor
Y llong, er gwaetha'r straen;
Ond roedd rhyferthwy'r storom
Yn bygwth torri'r tsiaen.

"Rhaid torri'r mastiau, Capten!"
Hen forwr ddwedodd hyn.
Yng ngolau'r lamp edrychodd
Y capten arno'n syn.

Anffurfio'r *Royal Charter*!
Torri ei mastiau tal?
Na, na! Yr oedd dau angor
Yn ddigon cryf i'w dal.

Cyn hir gostegai'r storom,
Ac fe ddôi toriad gwawr;
Caent ledu hwyliau eto
Ar ben y mastiau mawr;

59

A hwylio'n iach am Lerpwl,
A glanio mewn da bryd,
A'r llestr yn ddianaf
A'u hofnau'n ango' i gyd.

O na, rhaid peidio â thorri
Ei mastiau lluniaidd hi,
Rheini wnaeth ei chyflymdra'n
Ddihareb ar y lli!

"Gwell torri'r mastiau, Capten!"
(Taerach y llais na chynt);
"Mae'r mastiau mawr a'r rigin
A'r hwyliau'n dal y gwynt."

Ac yna torrodd cadwyn
Un angor—yna'r llall!
Rhy hwyr i hidio bellach
Gyngor y morwr call.

Ciliodd y llong yn llwfr
O flaen y corwynt croch,
A tharo creigiau Moelfre
Oddeutu tri o'r gloch.

O fysg y teithwyr ofnus
Cododd wylofus gri
Wrth glywed rhinc y creigiau
Yn cnoi ei gwaelod hi.

"Torrwch y mastiau, forwyr!"
"Na, Capten, mae'n rhy hwyr."
"Torrwch y mastiau, forwyr!
Rhag ein difetha'n llwyr!"

Torrodd y saer a'r morwyr
Y mastiau mawr i ffwrdd,
A nerth y gwynt a'u cododd—
A'r rigin—dros y bwrdd.

Ofnadwy nos fu honno,
Ac araf iawn ei hynt;
Roedd dychryn yn rhu'r tonnau
A gwae ym mloedd y gwynt.

A phan ddaeth gwawr y bore
I leddfu'r cur a'r braw,
Fe welsant greigiau Moelfre'n
Fygythiol ar bob llaw.

Ond roedd y lan mor agos!
Ac yno roedd dau ŵr!
Fe ellid taflu rhaffau
Iddynt, ar draws y dŵr.

A llifodd gobaith eto
I'r c'lonnau dwys yn ôl,
Mor hawdd yng ngwawr y bore
Anghofio'u hofnau ffôl!

Daeth morwr at y capten,
Ac meddai'n daer a chlir,
"Rwy'n nofiwr da, a charwn
Gael mynd â rhaff i dir."

Joe Rogers oedd ei enw.
Estynnwyd iddo raff,
A neidiodd yntau i grochan
Y môr, a'i dwyn yn saff

I ben y graig, lle safai'r
Ddau ddyn i wneud eu rhan
Trwy estyn dwylo cryfion
I'w dynnu ef i'r lan.

Fe bontiwyd y gagendor
Oedd rhwng y llong a'r tir,
A chlywyd bloedd o obaith—
Achubid pawb cyn hir!

60

Ond ar y *Royal Charter*
Fe gurai'r storm o hyd,
A chreigiau miniog Moelfre'n
Ei malu yr un pryd.

Fe ruthrai'r tonnau arni
Fel ysglyfaethus gŵn;
Yna—cyn wyth y bore,
Fe glywyd erchyll sŵn.

Sŵn coed y dec yn darnio,
Sŵn rhwygo'r platiau dur;
Ac O—Sŵn plant a gwragedd
Yn llefain yn eu cur!

Torrodd y *Royal Charter*
Ar amrant yn ddau ddarn,
A'r môr oedd biau'r gilfach
Oedd rhwng y bow a'r starn.

A thrwy y rhwyg ofnadwy
Y rhuthrai'r creulon fôr,
I'r howld, a'r stafell ddirgel
Lle'r oedd yr aur yn stôr.

Ac i'r salŵn a'r lolfa
Y neidiodd ton ar don,
Ac i'r cabanau moethus,
A boddi pawb o'r bron.

Ac yn y crochan berw
Oedd rhwng yr hwlc a'r lan,
Roedd cannoedd yn crochlefain
Am gymorth, druain gwan.

Ac yn y crochan hwnnw
Trengasant bron bob un;
Yn fyw i forlan Moelfre
Ni ddaeth ond deugain dyn.

Roedd bron bum cant yn feirw.
A'r trysor—tewch â sôn!
Yr aur a'r sofrins melyn—
Ar chwâl ar draethau Môn!

Yn hen agennau'r creigiau
Ymysg y cerrig mân,
A than y tresi gwymon—
Disgleiriai'r sofrins glân!

A chyda'r llanw nesa',
Fe ddaeth y cyrff i'r lan,
Ym Moelfre a Phorth Helaeth,
Traeth Coch a llawer man.

Ac O, yr olwg arnynt!
Y cleisiau a'r mynych glwy'
Lle roedd y môr a'r creigiau
Wedi'u hanffurfio hwy.

Yng ngherti'r ffermydd 'r aethant
I'w siwrnai ola' i gyd,
I eglwys fach Llanallgo,
I orwedd yno 'nghyd.

A'r llong a fu mor lluniaidd
A chyn gyflymed gynt,
Â'i chwmwl gwyn o hwyliau
Yn lledu i ddal y gwynt;

Yn wrec ar greigiau Moelfre,
A'i champau'n ango' i gyd;
Mor drist ei ffawd—y llestr
Fu'n falchter moroedd byd.

*   *   *

61

Ond pan fo'r glaw'n pistyllu
A'r storm yn rhuo'n groch,
A'r môr yn ferw eto
Rhwng Leinas a'r Traeth Coch,

Bydd pobl Moelfre'n *cofio*,
A chlywir eto sôn
Am ddryllio'r *Royal Charter*
Ar greulon greigiau Môn.

Dyffryn fy Ngeni
(Dyffryn Teifi)

Bro ag afon i'w llonni,—wyf ym mhoen
    Pan fwy 'mhell ohoni;
Mae edifar am Deifi
Lle bynnag 'r af arnaf fi.

Myfyrdod wrth Adfeilion Hen Blas y Bronwydd
(Hen gartref y diweddar Syr Marteine Lloyd, Arglwydd Cemaes)

Hynafol blas! Adfail blêr
Heb lendid nac ysblander,
Adeilad llwm mewn cwm cudd,
Sobr yw hanes y Bronwydd.

Heddiw brych ei geyrydd brau,
Dail iorwg hyd ei loriau,
A thros libart Syr Martin
Y ceir rhwyd o'r drysi crin.

Ni chawn weld mwyach yn hwn
Syberwyd na thras barwn,
Na bonedd o'i fewn heddiw,
Na chroeso na sgwrsio gwiw.

62

Echdoe rhwysg a gwychder oedd
Hyd ei fwll ystafelloedd,
Ond daeth Sgweier Amser hy
Yno i oesol deyrnasu.

Mae'r Syr a'i gymhares wych?
Mae heno'r gwledda mynych?
Mae'r hwyl fu yma ar aelwyd?
Mae'r galawnt ar ei lawnt lwyd?

Mae'r llestri aur? Mae'r llys drud?
Mae argoelion mawr golud?
Mae cog uwch fflamau cegin?
Mae'r medd a'r digonedd gwin?
Mae'r beilchion fu'n drachtio'n drwm?
Mae'r steil fu yma ers talwm?
Mae'r bri hen, mae'r barwnig?
Mae ei gŵn fu'n llamu gwig?
Mae'r helfa? Mae'r carlamu?
Mae'r uchel hwyl a'r meirch lu?

Hen dŷ da! Mae'r mynd a dod
Hyd ardal dy awdurdod?
Cynnwr' a hwyl cinio rhent,
A'r deiliaid â'u mawr dalent,
A chyniwair cellweirus
Llancesau a llanciau'r llys?

O deg lys, darfu dy glod,
A mynd wnaeth pob cymhendod;
Di-raen hwlc! Daw adar nos
Am nawdd dy ffrâm anniddos,
A daw'r gwynt i fydru'i ĝân
Hiraethus o'th dŵr weithian.

63

Y Weithred

(Ar gomin Greenham)

Eisteddodd wedi lludded
Y daith, â'i choesau 'mhleth,
Noethodd ei bron doreithiog
A rhoi i'w baban deth.

Yn sŵn caneuon protest
A nodau lleddf gitâr,
Drachtiodd ei chyw o ffynnon
Ddwfwn ei chariad gwâr.

Llonnodd fy nghalon drwyddi
Yng ngŵydd yr hen, hen wyrth;
Anghofiais drwstaneiddiwch
Y gwylwyr wrth y pyrth.

Ar waethaf dellni dynion,
A llid gwladweinwyr ffrom,—
Bydd oesol fam a baban,
A byd tu hwnt i'r Bom.

Dafydd Jones o Gaeo

Yn Nhroedrhiwdalar bu fflam y "Cariad"
Yn rhwygo muriau ei arw gymeriad,
A rhoes gorfoledd ei ryfedd brofiad
I'w ganu annwyl rym ac eneiniad;
Ac fe lŷn ar gof ei wlad—yn felys
Ei awen ddilys yn ein haddoliad.

Rhuban

(Cân y glöwr alltud)

Obry rhwng y bryniau tywyll
Lle mae llwch y Gwaith yn drwm,
Plethodd Meistri'r Glo crafangus
Ruban tai ar lethr y cwm.

A bu'r rhuban hwnnw'n ddolen
Gydiol gref rhwng dyn a'i frawd,
A bu rhannu'r dorth gymdogol
Yno ar aelwydydd tlawd.

Er im gilio 'mhell o'r cymoedd
A chael blas amgenach byd,
Y mae'r rhuban hwnnw'n gwlwm
Am fy mogail i o hyd.

Atgof Crwt am Geinewydd Gynt

Hen draeth fy hiraeth, euraid ei farian,
A chregyn a dŵr, a chreigiau'n darian;
Hen bîr a'i forwyr, a'u barfau arian;
Arogl yr heli a threigl yr wylan,
Amaethwyr a glowyr "glân"—yn sgwrsio;
Yn werth eu cofio! Ble'r aeth y cyfan?

65

Afon Alaw

O dwrf y drin, o'r dref draw
Af yn ôl i fin Alaw;
Hafal i gwm y galon
Heddiw nis medd Ynys Môn.

Annwyl yw Môn hael i mi,
Annwyl, bob cwr ohoni
O Fenai drwy Walchmai draw,—
Anwylach yw min Alaw.

Tirion dan y coed deri
Yw hardd ddawns ei dyfroedd hi;
Dan haul haf mae lli'r afon
Fel gwregys am Ynys Môn.

Wele glwys dan haul a glaw
Yw'r dolydd ger ffrwd Alaw,
O goffrau'r erwau irion
'E geir maeth i gewri Môn.

Gan gôr gwig ceir miwsig mwyn
Awr egino tw'r gwanwyn,
Mwyned â'r rhain ym Môn draw
Ar y ddôl, yw cerdd Alaw.

Doe hanes fu 'mysg dynion
Am lanw mawr melinau Môn,
Am wenith y fam ynys
Bu balchder mewn llawer llys;
I'w falu efô Alaw fach
Yn rhoi'i hegni'n ddirwgnach.

*   *   *

Heinif yw'r iaith yn y fro
A'i swyn ar wefus yno;
Iaith gadarn a theg ydyw,
Y Gymraeg ddigymar yw,
Hon a ddeil, i'w rhan ni ddaw
Marwolaeth ym mro Alaw.

Un erw ŵyl yn y fro wen
A rannwyd yn dŷ Branwen;
Tŷ o ro dwfn petryal
Â ffrith werdd yn goffr i'w thâl;
O fun dlos! O fewn dy lwch
Ni'th hawlia mwy Fatholwch;
Yma'n nyfnder y gweryd
Ango' Gwern a'r ing i gyd;
Angof tynged y Cedyrn
Ac angof brad a chad chwyrn:
Huna'n ŵyl ym min Alaw,
I'th lain bridd ni'th ddilyn braw.

*   *   *

Eto fyth ar hynt i Fôn
Y trof dros bont yr "Afon",
O sŵn byd i'r hud sy' draw
Yn nhawelwch min Alaw.

Cywydd Gofyn am Fenthyciad Banc

Wel, Mister Bifan annwyl,
Gwae fi, yr wy'n ddrwg fy hwyl!
Nest y wraig sy' er ys tro
Ysywaeth, yn ffansïo
Cot ffwr lachar o Baris,
Och y ffrae ynghylch ei phris!
Mae'n *naw cant!* Un "mink" yw hi;
(Aeth lan bob peth eleni—
Effaith chwydd, fel y gwyddoch,)
Ond ar y mart rhad yw'r moch,
A drud y bwyd i'r da bach,
Eto mae'u cig yn rhatach!

Geneth garedig, onest
A nef fy nyth a fu Nest.
Hi fu unwaith yn fenyw
Mor ddiddan, a'r fwyna'n fyw,
Sy' mwy'n gas, ym mhen ei gŵr,
Methiant fel gwraig amaethwr.

Och amod! Troes ei chymar
I hirlwm y bedrwm sbâr,
A gwâl unig eleni
O eisiau "mink" roes i mi.

Llawer ffrwgwd a phwdu
Y sydd lle'r oedd dedwydd dŷ,
Cwympo mas diflas bob dydd,
Chwerwed yw chwip ei cherydd.

Hi oedd ddoe'n fenyw ddiwyd
A'i bwrdd y gorau'n y byd,
Ar ei heistedd mae heddi,
A sdim ots am ffest i mi.

Yn iaith y gwych enethod
Wele "mink" sy' *à la mode*;
Nid oes wiw sôn am "wiwer"
Neu "skunk"—cewch eich galw'n "square"!
Aeth "musquash" mas o ffasiwn
I'r rhyw deg rhy rad yw hwn.

"Mink" geir gan wraig y ffeirad, !,
(Honno â'i steil uwch na'i stad)
A'r hen Sara'r Insiwrans,
Ac mae un gan *wraig y Mans!!*

Felly dof ar dy ofyn
Yn wylaidd ŵr. Annwyl ddyn
Rho oferdrafft ar fyr dro . . .
Wedyn caf fynd i glwydo
Eto heb unrhyw brotest
O'm "sengl" cul—yn ymyl Nest;
A daw eilwaith i'r Dolau
Lawenydd i ddedwydd ddau;
Bwyd da a bywyd tawel
Efo 'nghynnes ddynes ddel.

Dyro fîl, ŵr cynnil, call
O'th "ddrôr" i ferthyr arall!

Cywydd Ysgafn: Rhoi Galwad i Weinidog

Y mae "row" ym Moreia,
Ymryson rhwng dynion da,
A hiw-bwb trwy'r fro'n ddi-baid,
Cynnen rhwng deiaconiaid,
A'r Sêt Fawr yn awr sy'n wyllt,
Mwyn wŷr o'i mewn yn orwyllt.
Ceir dannod hen bechodau
A beio dwys rhwng pob dau,
A phawb yn gwybod mai ffôl
Ein hagwedd anghristnogol.

Dau a roed ar Rester Fer,—
Un ifanc, o Nanhyfer;
Un hen o blwy' Llanwynno,
A gŵr moel gwargrwm yw o!

Y mae rhai ym Moreia
Yn daer dros yr henwr da,
A'r lleill yn cefnogi'r llanc,—
Yn gryf dros y gŵr ifanc.

Mawr straen sy' 'Moreia ers tro
A degau wedi digio,
Doethion yr hen gymdeithas
O fewn y Tŷ'n gwgu'n gas;
Tri blaenor wedi sorri,
Hoelion wyth ein capel ni!

Rwyf finnau'r Ysgrifennydd
Yn y ffws, yn wan fy ffydd,
Ym Moreia 'ma rŵan,
O dyma drist—mae dwy ran;
Dianghenraid ddwyblaid ddall
I'w tynged, fel plant anghall!

70

Soniais fod rhaid pleidleisio
Yn y cudd, nid mynd o'n co';
Rhaid cynnal "secret ballot"
A rhoi i fewn lle'r âi'r fôt.
Ond bu rhai yn cerdded bro
I anfoesol ganfasio
'Rholl le, dros y naill a'r llall
Yn *dawel*—fel 'rwy'n deall.

*　　*　　*

Neithiwr megis gŵr o'i go'
Roeddwn yn ymgythruddo,
Mae'n hen ffaith mai diffaith dŷ
Ydyw'r un wedi ei rannu.

Heddiw . . . yn rhestr angladdau
Y 'Mêl, *trwy drugaredd*, mae
Enw un o Lanwynno,
Osian Huws ei hun yw o!!
O, Osian Huws! Dwys ein siom
A thaerni hiraeth arnom!
Thrombosis roes yn isel
Yr hen sant dan druan sêl;
Boed it hunell ffein bellach
O sŵn y byd, Osian bach!
Yn d'oes hael bu fawr dy sêl
Dros yr achos aruchel,
Yn dy farw arbedaist fôt
A helbulon dal balot!

Ninnau a awn yn unol,
Wedi'r ffws a'r dicter ffôl,
Ar ofyn y gŵr ifanc,
A'r holl le'n cefnogi'r llanc!
A daw eto'n dynion da
I ymroi dros Moreia.

Helem Alun Cilie

Adeilad euraid Alun,—a diddos
Dŷ o haidd amheuthun,
Yn gwarchod dan y to tynn
Ei gynhaeaf—rhag newyn.

Ysblennydd gaer nas planiwyd,—nid â sinc
Fel gwneud sied y'i towyd;
O'r tywys melyn lluniwyd
Gwrhydri o bantri bwyd.

Ond dwyreinwynt oer yno—ddaw a'i gorn;
Fydd y gaer yn syrthio?
Dim ffîer! Deil i'w herio
Ar waetha'i rym aruthr o.

Di, oer wynt, mor arw dy drem—hen chwalwr,
Ni ddymchweli'r helem;
Deil hi er dy ddyrnod lem
Ar ei sail fel Caersalem!

Aelwyd

Gan ddau y lluniwyd ei chlyd barwydydd,
Trwsiad eu cariad fu'n harddu'r ceyrydd;
Arni lluniem fin hwyr ein llawenydd,
A rhannu galar a chur ein gilydd;
Rhag gwae'r storm, rhag gwres y dydd—awn bob tro
I chwilio yno am yr "echel lonydd".

Pont Hawen

Ôl gwledig grefft sydd ar ei meini hi
Ond cadarn yw ei bwa hyd fore'r Farn;
A'i hadeiladodd gynt ni roddent fri
Ar frysiog waith wrth asio darn wrth ddarn.
Parabla'r Hawen dani, ar hynt i'r môr,
A miwsig dŵr a glywn ar dannau'r gro;
Ac ar y bont fin hwyr fe rennir stôr
O chwedlau ardal a sibrydion bro.

Ond pan ddaw'r haf a charlam gwyllt y ceir,
A'r Saeson caeth yn rhydd o'r "belt" a'r ddesg,
Bydd fud y chwedlau a'r ysgyrsio deir,
A mud fydd parabl Hawen rhwng yr hesg.
Ond gŵyr y nant a minnau, diolch i'r drefn,—
Ar ôl pob llanw mawr, daw'r trai drachefn.

Cywydd Ateb

(I'm cyfaill, y Prifardd Dic Jones, a anfonodd gywydd nodedig iawn i godi fy nghalon pan oeddwn yn gaeth am saith wythnos yn Ysbyty Bronglais ar ôl damwain ddifrifol mewn car. Lluniwyd y cywydd yn Ward Llewelyn yn yr ysbyty—lle gorweddwn)

Anfoddog wyf, fe wyddost,
Yn ŵr blin â'i din yn dost;
Yng nghlwm wrth fy ngwâl yma,
Yn gwylio mynd heibio'r ha'.

Wanned wyf, wrth wifrau'n dynn,
Hualau Ward Llewelyn;
Fy holl dda â llaw ddi-hid,—
Fe'i rhoddwn am fy rhyddid!

Dyna'r fel! Dan wae'r Falen,
Drwg o hwyl heb fedru gwên
Oeddwn i, anniddig ŵr,
Rhyw filain wrthryfelwr,
Egwan, llesg yn y lle hwn
Yn orweddiog yr oeddwn.
Nid oedd i mi un dydd maith
Âi heibio heb anobaith,
Nac awr heb blwc o hiraeth
Am wynebau'r ffrindiau ffraeth.

Yna daeth i mi un dydd,
Wedi gwewyr—dy gywydd!
A'th gyfarch di, a'th gyfoeth,
Ddewin y gerdd, a'th ddawn goeth;
Miragl dy loyw gymhariaeth,
Saer camp y mesurau caeth;
Dy ormodiaith mor chwaethus
Yn arddull hen y bardd llys;

Y gelf rwydd a'th glyfer wau,
Dy gywrain blethiad geiriau;
Dy emau drud o hiwmor,
Yn fawl i mi fel y môr!

A hybu 'nghalon druan
Wnaeth clasur gyffur dy gân;
Maeddaist bedlerwyr moddion,
Â geiriau teg, y ward hon.
Yma o boen i'm bywhau,
Dy glod fu'r gwirod gorau;
A rhag gloes, a mi'n ŵr *clwm*,
Dy foliant, nid eu Faliwm;
Hoffusach na'u holl ffisic
Oedd hiwmor y "doctor" Dic,
Mwy na dysg un hyddysg ŵr,—
Neges yr "arbenigwr"!
Neges a dynn yr egwan
Er ei loes eto i'r lan;
Dy gabol ganiad gobaith
Ddaw â mi o'r cystudd maith,
A diau 'nôl dyfod wnaf
O'r ward hon â'm traed tanaf!

Baled y Llanc a Grogwyd ar Gam

(O'r Wyddeleg)

Chi Gristionogion un ac oll
Gweddïwch drosof fi,
Y rhaff—yn dair ar hugain oed,
A aeth â 'mywyd i.

Fe'm galwyd i yn llofrudd
A'r Gyfraith ddaeth i'm dal,
Ac yna fe'm dedfrydwyd
I farw ar grocbren tal.

Ni wneuthum gam, rwy'n tyngu,
Na niwed i'r un dyn,
A thyngaf hynny eto
Wrth orsedd Duw Ei hun.

Ni saethais i Doolarty
Liw nos o dan y coed,
Ni chodais wn at undyn
Na bygwth gwneud erioed.

Am hynny, Gristionogion,
Gweddïwch drosof nawr,
A minnau yn wynebu
Y tragwyddoldeb mawr.

Fy enw a sibrydodd
Doolarty yn ei waed,
Pan welodd fi'n mynd heibio,
Pan glywodd sŵn fy nhraed.

Sibrydodd ef fy enw
Am 'mod i'n gyfaill gwir,
I'r truan ŵr a saethwyd,—
Ers llawer blwyddyn hir.

76

Rwy'n mynd, er yn ddiniwed
I'm crogi gyda'r dydd,
A chaiff fy enaid hedeg
I dŷ fy Nhad yn rhydd.

Ffarwél, fy annwyl frodyr,
A chwithau, fy nhair chwaer,
Rwy'n myned at fy Nghrëwr,
Gweddïwch drostwy'n daer.

Mi wn y bydd hiraethu
Pan af tu hwnt i'r llen,
Ond cofiwch y Gwaredwr
Fu farw ar y Pren.

Diniwed ydoedd yntau
Ond fe'i croeshoeliwyd Ef,
Cyn esgyn yn fuddugol
I deyrnas Duw'n y Nef.

A gwn y caf wrandawiad
O flaen hen Orsedd Gras,
A gwn na cheir fi'n euog
O unrhyw weithred gas.

Pan dynnir barrau haearn
Y llwyfan dan fy nhraed,
Gwybyddwch, reithwyr creulon,
Mai *chi* dywalltodd waed.

A bydd yn rhaid i chwithau,
Roi cyfri am hyn i gyd;
Am yrru llanc diniwed
I'w angau 'nghynt na phryd.

77

Y Draenog

Hwn o'i wae ni red yn iach—i'w ddaear
    Pan ddaw treisiwr cryfach;
O daw gelyn—diogelach
Yw cau drws ei bincws bach!

Malwotwr yn ei gwrwm,—daw i'r wig
    Wedi'r heth a'r hirlwm;
Tan gur ofn mae'n cwato'n grwm
Yn niogelwch draen-gwlwm.

Yr Asyn

Cernodiau a llachiau'n llu—fu ei ran
    Ef erioed. Serch hynny,
Un awr fawr, ddigymar fu
I'r asyn . . . cludo'r Iesu!

Iorwg

Am ddâr, fel tae'n eu caru,—fe esyd
    Fysedd i'w hanwesu;
Ond ei reddf, y bradwr hy
Yw gwneud hugan i'w tagu!

Fe gerais gynt fagwyrydd—tŷ annwyl;
    Ond daeth tenant newydd;
Ac yn drahaus, yntau sydd
Nawr yn caru'r un ceyrydd!

Y Fen Sbwriel

Arogl drwg gluda'r wagen,—a hi'n llawn
    O'n holl "ych" anniben!
    Gesyd ein llwch gwast—a'n llên
    Ymhen dim—yn y domen!

Cath Drws Nesa'

O gwae fi! Sdim cwsg i fod,—cath Anna
    Drws nesa' sy'n "wasod"!
    A swn dwys o'r teils sy'n dod,
    Cri cethern y cwrcathod!

Clown

Er ei gamp a'i firi i gyd,—a'i sioe fawr,
    Agos fyth mewn bywyd
    Yw'r ddwy elfen hen o hyd—
    Digrifwch—dagrau hefyd!

Drudws

Yn y caeau bu cywain,—a chadwyd
    Ychydig i'r ydfrain;
    Ond, Iôr, â'r gwynt o'r dwyrain,
    Pa fwyd a drefnwyd i'r rhain?

79

Adar Drudwy

Daw'r rhain pan fo'r dwyreinwynt—yn ein bro'n
    Ennyn braw a helynt;
    Diau gwir y dwedid gynt—
    "Cenhadon drycin ydynt".

Torth

Ffrwyth yr haf, hoff wyrth yr ŷd,—ei rhin ddaw
    O'r hen ddaear ddiwyd;
    Aeddfedrwydd hydref hefyd
    Ar fy mord yn drysor drud.

Drws y Cefn

Drws y dirgel ymweliad,—ond i rai
    Drws i lwgrddyrchafiad;
    Ac i lu "dirwestwyr" gwlad,
    Drws awydd wedi'r seiad!

Y Paun

Ceir rhodres lle bo'n crwydro,—teg liwiau
    Pont y glaw sy' drosto;
    A'i arfer pan gynhyrfo,—
    Gwna ffan wych o'i gynffon o!

Buwch

Gwâr a deir greadures,—ana'l hon
    Wnâi'r hen lofft yn gynnes,
    Diddos hen-ffasiwn broses,—
    Hunwn yn grwt yn y gwres!

Carreg Ateb

Yn hogyn gwnâi fy nigio,—a'i hateb
    Swta yn fy ngwawdio;
    A mi ar hynt yn fy mro,
    Poenaf nad etyb heno.

Llafurio

Ennill bara â llaw barod,—gwneud ei bart
    Ac nid byw ar gardod;
    Rhoi'i ddawn heb air o ddannod,—
    Dyna fel mae dyn i fod.

Y Frân

I dir âr yn lleidr o hyd—y *diafol*
    Ddaw a difa'r hadyd;
    Yn sofl yr hydref hefyd,—
    Yno ceir "Ruth" caeau'r ŷd!

Brad

O wneud hwn, a'i gadw'n gudd—O, gwyliwn,
    Datgelir y celwydd;
    Wedi'r brad dwg toriad dydd
    Gân ceiliog ein cywilydd!

Bendith

Erioed i'r sawl a gredo—y mae grym
    Y Groes i'w gysuro,
    A'i "Spiritus Sanctus" O
    Yn nydd hirnych ddaw arno.

Y Lôn

Arweiniodd lanc dewr-anian—o dŷ mam
    I'r byd mawr tu allan;
    Heno, fel fi fy hunan,
    Nid yw yn mynd i un man.

Iorwg

Ei ddail yw mawredd olaf—hen waliau
    Sy'n dadfeilio'n araf;
    Diruddin gnwd ireiddiaf
    Yn cloi ei we am bren claf.

Y Fuwch

Wrth aerwy bu'n ferthyres—or-ufudd
  Trwy ganrifoedd hanes;
  Yn hael ffrwd feunyddiol ffres
Rhoes y gwin o'i phwrs cynnes.

Yn ddeir o'r dolydd irion—efo'i llwyth
  Daw fel llong yn gyson;
  Caf wared fy nyledion
A daw'r rhent wrth odro hon.

Wy Clwc

Wy marw wedi'i amhuro,—o'i du mewn
  Ni red maeth byth eto;
  Ac ni ddring cyw gan wingo
I wawr y dydd o'i grud o.

The Snail

Her abode is on her back;—nice lettuce
  She'll eat like a maniac;
  In Avignon or Cognac
A snail is a tasty snack.

The Jogger

When not fit and quite fatty—a preacher
  Approaching his seventy
  Took a run! It's not funny
Now to report . . . R.I.P.!

Diolch am Ffon (draenen ddu) a gefais yn rhodd

Draenen o goed yr anial—a gefais
   Gan gyfaill, i'm cynnal;
   Ar drothwy stâd anwadal
Fy hen oed—bydd hi'n fy nal!

Perffaith ei chrefftwaith, a chry',—i un cloff
   Trydydd clun rhag methu;
   Gŵr hen a ddeil heb grynu
O roi'n ei ddwrn ddraenen ddu!

Y Galon

Llanc mad mewn cariad a'i cyll,—a hiraeth
   All ei thorri'n gandryll;
   A llechu mewn tŷ tywyll
O fewn hon mae ofnau hyll.

Menyw Drws Nesa'

O'r helynt a'r cweryla—â "madam"
   Symudais mewn yma:
   Nawr mae'r "feistres" drws nesa'
A fi sy' mwy yn fos 'ma!

Y Madarch Hud

Hwn yw'r "caws" sy'n pylu'r co';—daw'r hipis
    A'r *dropouts* i'w geisio;
    Daw "byd braf" o'i fwyta fo
    A hwyl bythol—heb weithio!

Rhyw dai unnos ar dwyni—pethau brau
    Heb yr un daioni:
    Ond tu mewn, meddant i mi,
    Mae rhyw opiwm i'r hipi.

Prydferthwch
(Hen wraig)

Hen wyneb yn llawn hanes
Helaeth oes o law a thes,
Wyneb hen a gwên gynnes.

Rhychiog raen fel maen mynydd,
Ac olion dicter cerydd
Amser a'i her ar ei grudd.

Amynedd "disgwyl menyn"!
Er penyd hallt y gwallt gwyn,
Er difa'r aur edefyn.

Ciliodd rhamant ei hanterth
Ysblennydd. Daeth newydd nerth
O'r adfyd . . . hyn sy'n brydferth!

Cyfarchion Nadolig

Hen ŵyl lawen deuluol,—er yr heth
  A'r oer wynt gaeafol;
  Cariad a miwsig carol
  Yn dwyn naws y Beudy'n ôl.

Cymwynas, nid atgasedd,—nid cweryl
  Ond Cariad fo'i nodwedd;
  Rhoi i'r isel ymgeledd,
  Arddel Oen wrth fwrdd y wledd.

Ar Gerdyn Nadolig

Daw henwr a'i fwchdanas,—a'i gar llusg:
  O'r llwyn cawn ddail irlas;
  Cawn sain carol yn solas,
  Cinio frwd a chacen fras.

Fflam

Yn y grat closiwn ati,—yn ei gwawl
  Fe gawn gân a stori;
  Mewn tai haf ym min Teifi,
  Gŵyr y Sais am ei gwres hi!

Smygu

Rhoes Moc y gorau i smocio—oherwydd
  Fod Mari'n difrïo;
  O'i weld mor swrth, medd wrtho,
  "Na, chware teg, dechre 'to!"

Meirioli

Daeth awr ailactio'r stori—hyna' 'rioed,
  Haenau'r rhew'n meirioli,
  A thlws wyrth a welais i,—
  Glaw mân yn treiglo meini.

Cerfluniau Moore

Dyn hwn fel coeden hynod,—a menyw
  Â'i thu mewn yn geudod,
  Heb wddwg. A golwg od
  Ar bob un o'r babanod.

Y Babell Lên

Tirion neuadd trin Awen—llawr y berw
    Lle'r â beirdd yn benben;
    Mawl a chân aml, a chynnen,
    Geir yn ei llys, a grawn llên.

Bwthyn

Teg ei raen, tŷ gwerinwr,—gwyn ei fur,
    Cegin fach a pharlwr;
    Ac arno rhoes llaw'r töwr
    Ddel do o wellt i ddal dŵr.

Hen deip o fwthyn doupen,—a'i do gwellt
    A'i deg ardd mor gymen;
    Ei stôr hardd o lestri hen,
    A'r twlc wrth fur y talcen.

Bu'n aflêr am amser maith,—ond rhyw Sais
    Fu'n troi siom yn gampwaith,
    Ac yno 'rôl gwario a gwaith,
    Nid oes drain—ond estroniaith!

Yr Hen Gapel
(Wedi clywed fod Sais wedi ei brynu)

"Fe'i try yn fwyty", yw'r farn,—"o rhoddir
    Trwydded fe'i gwna'n dafarn";
    Mae'n hen adeilad cadarn,
    Seiliau ein Ffydd sydd yn sarn!

Beddargraff Carafannwr

Carafán oedd ei annedd;—ond weithian
   Ar deithio daeth diwedd;
   I hedd llan trodd y llynedd
   Ac i *lay-by* gul y bedd.

Carafán fu'i ddiddanwch,—yn y "mynd"
   Yr oedd mawr hyfrydwch;
   Aeth y twrist i'r tristwch,
   O'i *wanderlust* i'w oer lwch.

Cath Drws Nesa'

Serch a rhamant mae'n chwantu—y niwsans!
   Pan fwy'r nos yn cysgu
   Ffrae o'r teils sy'n deffro'r tŷ,—
   Sŵn corws cwrcs yn caru!

Dagrau

Ein tristáu wna dagrau dyn—o'i wylio'n
   Ei alar; ond wedyn
   Y dwysaf anffodusyn
   Yw'r hwn na all dywallt un.

Y Daffodil

O'i loches daw'n ddilychwin—â'i aur gloch
   Er glaw Mawrth a'i ddrycin;
   Wedi rhew gaeaf di-rin,
   Hawddgarwch gerddi gwerin.

Yr Hen Allt
(a dorrwyd ac a aileginodd)

Marw nid yw ond tymhorol,—mae hen rym
   Yn yr allt sy'n wyrthiol;
   Er y trais ceir eto ar ôl
   Ei hegin anorchfygol.

Englynion i Chwech o Gymeriadau Gwlad

Y Pen Diacon

Y gŵr â'r osgo ara',—un da'i air
   Ac mewn dadl ni wyra;
   Ein pen-diacon ffyddlona'
   A hen ddyn yn "gwisgo'n dda".

Wil Celwydd Golau

Am stori frith, meistr y fro,—ni hidia'r
   Un iod, doed a ddelo,
   Ai gwir ai anwir honno,
   Ei hail-ddweud yw ei wledd o.

Y Wraig Dafodrydd

Dynes gref a digrefydd,—uchel iawn
   Ei chloch hyd yr hewlydd;
   Ond mae tirion galon gudd
   I'r Ruth fudr a thafodrydd.

Y Dyn Bach Twt

Dyn bach, cwic, un sbic and sban,—ynni mawr
    Fel tae'n mynd ar drydan:
    'N anffodus, er ei ffwdan
A'r mynd chwim, does dim yn Dan.

Yr Hen Weinidog

Hen gawr Iôn a'i gefn yn grwm,—bowler hat
    A blêr wallt liw'r carlwm;
    Er prin dâl bu ers talwm
Yn darian corlan y cwm.

Dyn y Llaeth

Dyn â gwên yn stenau i gyd,—heibio daw
    Bob dydd â'i fen swnllyd
    At risiau drysau ein stryd,
Â'i lwfans a'i fil hefyd.

Englynion Hysbyseb

Playtex Cross-Your-Heart Bra

Bra Neli—o Bri-nylon—yn gwresog
    Groesi dros ei chalon;
Ac O, Wedi gwisgo hon
Hyfryd yw siâp ei dwyfron!

Tide

Heb drwbwl, heb daer rwbio,—yn y twb
    Mae *Tide* yn ddiguro;
Hafal, ar lein yn sgleinio,
I luwch ôd yw ei olch o.

Condor

Myn bib â'i llond o *Gondor*,—a thi gei
    O'th gylch lu'n dygyfor;
Yn dy dŷ cei hedd di-dor
Efo'th wreigan fyth ragor!

Pal

Gwna *Pal* at gŵn apelio,—ni all doeth
    Gyfaill dyn fyw hebddo;
Llew o "bow-wow" geir lle bo,
A chenel llonnach yno!

Caerllion-ar-Wysg

(Tua 150 O.C.)

Syllai gŵr, henwr unig
Draw a gweld wrth odre gwig
Ddaear ir y wedd a'r og,
Braf ei llun, bro feillionog.

Gwelai dai ar lesni dôl
A mynych ardd a maenol,
Ac o bell gwelai gellwair
Tonnau y gwynt yn y gwair.

Ar fwyth lyfnder y gweryd
Yn nhes yr haul dawnsiai'r ŷd.
Iach wlad heddychol ydoedd
A bro glyd ddiberygl oedd.

Gwêl lif Wysg fel rhigol fain,
A'i baich o gychod bychain;
Hwyliau glân fel glöynnod
Diwyd iawn yn mynd a dod.

Obry gwêl Gaer y gelyn;
O, delaid waith dwylo dyn!
Caer eres a chymesur,—
Y tyrau main yn toi'r mur.

Anghenfil Gaer y miloedd,
Hendre nerth yr estron oedd;
A gwenai yn ddigynnwr'
Huan teg ar drigain twr.

Hyd riwiau gyda'r awel
Ato o'r cwm i'r tir cêl
Nesâi ffrwd o leisiau ffraeth,
Sŵn dieithr farsiandïaeth.
Ac ar raen y gŵr unig
Wele staen malais a dig.

Ei lygaid sy'n tanbeidio—eto'n llosg
   Fel tân llwyd pan chwytho
   Chwa hwyrnos trwy'r gwrych arno
   Gan fywhau'i egni efô.

Ac ebr ef, "Gwae a brofais;—ar wermod
   Hir ormes syrffedais;
   Awr o dangnef ni chefais,
   Ond her gorthrymder a thrais.

Gwae i'th rwysg di, Gaerllion,
Fwrw ei warth ar y fro hon;
Na lifai Wysg dros dal fur
Er atal rhaib y traetur;
Na ruthrai dŵr a'th roi di
Yn brae ton, a'r brad tani!"

O'i dir uchel edrychai
'N arw'i drem a'r dydd ar drai.

A thrwy'r brwyndir, wedi hir dario
Yn ei gwman nes cau'r gwyll amdano,—
I'w ir goetir daeth llanc tuag ato;
Llanc hardd ei wedd â llun cawraidd iddo.
Rhannodd â'r henwr yno—yr hiraeth
A'r dôn o alaeth wrth syfrdan wylio.

Ebe'r henwr, "Obry unwaith—roedd llys
  Hardd, a llawn o obaith;
  Crud i hil cewri'r dalaith,
  O'i fewn ef bu fyw ein hiaith.

Rhyddid yn falchder iddo—cyn i wae
  Dig gyniwair drwyddo;
  Nawdd i fonedd fu yno,
  Annedd wen ein llên oedd o.

Ein hiaith ddilediaith! Cyn awr ei thlodi,—
Cyn i Ladin taeog ei halogi,
Rhoddes dw euraid i gerdd a stori,
A byw ddoethineb a ddaeth ohoni;
Ac ar fant, moesgar fu hi'n wastadol
A'n gwych orffennol yn waddol iddi.

Druan o'r heniaith,—mae drain ir heno
Yn tagu llysoedd lle bu teg ei lleisio,
Heb wŷr dewr dan syberw do,—nac amledd
Difyr rianedd i'w hadfer yno.

O chwerw dynged! Fe'm ganed i gyni;
Nos ar fy nheyrnas, iau Rhufain arni,
Du gysgod ymffrost y llengoedd drosti,
Tristwch yr heddwch Rhufeinig drwyddi;
I wae dwys y'm ganed i,—a ffawd waeth
A'm gwnaeth yn bennaeth cenedl heb ynni.

Bu unwaith obaith, ym mentr fy meibion;
Dewred eu rhyfyg hyd rydau'r afon;
Didostur gadwyr dwys eu hergydion,
Am dir eu hach bu daer eu hymdrechion.
Oer glai a guddia'r glewion—a'u clod gwiw,
Nas cofir heddiw 'mysg cyfarwyddion.

Ildiem a garem 'rôl cyrch gerwin,
Eithr yr eildro rhuthro i'r heldrin.
Wedi blwng ymosod blin,—encilio;
Wedi ein creithio dianc i'r eithin.

Collais a gerais i gyd,—f' holl eiddo,
  Fy llueddwyr hefyd,
  Dorf ieuanc dirf ei hewyd,
  Tarian y bau rhag teyrn byd.

Beunydd ein hannibyniaeth—a gadwem,
  Er rhoi'n gwaed yn helaeth;
  Ni ddôi nos heb ddwyn ei haeth
  Na'r bore heb ei hiraeth.

O frwydro ofer ar rydau'r afon
Diwerth fu aberth a her fy meibion.
Eu plant a aethant i waered weithion
Yn ŵyl i weini ar ein gelynion;
Yfant o lestr yr estron—win cardod
A byw heb drallod megis budr eillion!

Geilw'r Butain Rufeinig
Arfog ŵr o drofâu gwig;

A rhydd addfwynder iddo—'n hael o'i chôl
  A chaiff win ei chroeso,
  I'w gwâl fwyth y geilw efô,
  Swyn ei dull sy'n ei dwyllo.

Mynnodd hudoles tras yr estron
Fy rhianedd yn llawforynion;
Heigiant fel llwfr daeogion—i'w gweled,
A'i dynwared o hyd yn wirion.

96

O arddel Caer y gelyn
O'i chôl hardd ni ddychwel un.

Nid ei chadernid na'i dur,
Na holl aidd ei llueddwyr,
Na her ei maint na'i grym hi,
Na manwl grefft ei meini
A'm lludd, ond ei chymell-wên
A rhwydwaith swyn yr hoeden."

A'r haul i'r heli'n dianc
Trwy wyll hwyr, ebr yntau'r llanc—

"Fy nhad, gŵr eofn ydwyt
O nobl gyff anhyblyg wyt.

Balchder dy deulu a erys—yn dân
    Yn dy waed cynhyrfus;
    Ni ad dy anian nwydus
    It droi'n wâr ar estron wŷs.

Rhyw hen gof am ddewrion gynt,—
Am yr hil a'i mawr helynt
A'th fedd, ac erys heddiw
Tan y fron frathiad hen friw.

'Rôl trallod, dros ein brodir
Rhoes Rhufain ei hadain hir;
O'r Gaer fe ddaeth trugaredd
A bywyd clyd 'r ôl trais cledd.

Tithau'n gwrthod cymodi,—
Nwyd dial sy'n d'atal di.
Ni thâl dial ein doe dig,
Na gwaed y gorchfygedig.

Ni all dyfal ddialedd
Edfryd i'n byd feirwon bedd.
Ddoe a'i waed, tramgwydd ydyw
Na ad fyth i ni gyd-fyw.
A'n tynged yw byw a bod
Hyd foelydd fel bwystfilod.
Rhwng llwyni'r drysi a'r drain
Cartrefu rhag rhawt Rhufain.

Aeth enwau'r hen Frythoniaid
I'r ango' llwyr yng nghôl llaid;
Cnwd y cen hy wedi cau
Ei rwyd am eu beddrodau.
Onid doeth fyddai i tithau—gofio
Am hynny heno er ein mwyn ninnau!

Doniau ieuanc byd newydd—geir o fewn
        Y Gaer fawr, ysblennydd:
    Goludog foethau'r gwledydd
    A nawdd a swcr ynddi sydd.

Hwnt i'r Gaer rhydd tyrau gorwych—Caer-went
        Swcr i ŵr a'i chwennych;
    Peidiai alaeth ped elych
    O rodio'r allt, i'r dre wych.

Hyd ei chabol heolydd—y rhodia'n
        Cymrodyr ni beunydd;
    Yn hedd hon yn nhrai ei ddydd
    Gallai henwr gael llonydd.

Una'r faner Rufeinig—er eu lles,
        Lawer llwyth gwrthnysig:
    Di-dor hedd trwy'r byd a drig,
    Heb wlad annisgybledig.

98

Awyr haf ydyw Rhufain,—yn darian
   Cyfandiroedd cyfain;
  I'r llwythau, i'r celfau cain
  Rhydd ddedwydd nawdd ei hadain.

Awn i'r Gaer o wylltir gwig,
O benyd ein byw unig."

Yr henddyn ar wal grinddail,—
Doeth deyrn treftadaeth y dail,—
Yn ddistaw a'i gwrandawodd;
Yna'i drem sydyn a drodd;
Taniwyd yr hen farwydos,
A'i filain ael fel y nos.

"Ai dryw'r allt, ai eryr wyt?
Ai bradwr ein bro ydwyt?

Câr yr eryr glegyr glas,
Heria'i wg leidr ei drigias;
Gydol haf fe geidw ei lys
Yn ddiogel, edn eiddigus.
Unben y bau, hwn ni bydd
Yn daeog ar flin dywydd.
Teyrn yr adar sy'n chwarae
Uwchlaw bryn wrth chwilio'i brae,
Gan ddistewi'r perthi pell
Â chysgod erch ei asgell.
Ni ddaw fel swil ymbiliwr
Oddeutu na thŷ na thŵr;
Un adeg wrth ddôr cegin
Ni chadd ffafr, ni pharchodd ffin.
Hofran a wna fry'n y nen
Hen herwheliwr bro'r heulwen.

O fferru maes â'i ffrom wedd
Y myn o'r glyn gelanedd.
Ond troi'n ôl wna'r teyrn eilwaith
Yn rhydd tua'r mynydd maith,
I'w gaer lom 'rôl gwario'i lid
Try ei wedd tua'i ryddid.

Câr y dryw sicr odreon
Gwlad o hyd a gŵyl ei dôn;
At ddôr tŷ 'e ddaw'r taeog
Â sionc gân am friwsion cog.
Ei drigle yw godre gwŷdd
A llwyn cysgodol llonydd.

Ni chwyd ar hoywfalch adain
I deg drum,—daeog y drain;
Ymgreiniwr, cynffonnwr ffel,
Trwy ei oes swatiwr isel.

Dywed, a di'n daeog
I lesg ymgreinio am log?
Na! Boed it falchder eryr
Na bu'n was, na dderbyn hur.

Tua'r gorllewin mae bro eithinog
A mawnog lwyd nas myn y goludog;
Yno mae rhyddid trumau mawreddog
A daear a heria frad yr oriog.
Tlawd yw hi, ond hil daeog—ni weli
Yn ei thir hi, na gwenieithwyr euog.

Ffo rhag hoced i nawdd ei rhedyn,—
I hedd ei choedydd, a chei wedyn
I fro dy ryddid fwrw dy wreiddyn.

O dref y dolau, gwell draw fai dilyn
Diarddel lwybr y dewrddyn—i'r anial
Na byw ar dâl a bara dy elyn.

Cyrch wig orest rhag cynllwyn estron;
Nid diogelwch yw braint y galon.
Dos i'r daith a chais weithion—fro uchel
A chwip awel ar ei chopaon.

Yn y tir acw, doed heulwen, doed drycin,
Ti gei fwrw gwraidd, ti gei frig a rhuddin;
Yn y fro cei brofi'r rhin—a nerthodd
Y gwŷr a ddaliodd heb blygu'r ddeulin.

     *   *   *

Oesai gynt ym mynwes Gâl
Hen genedl mewn gwig anial,
Hil a'i gwaith mewn glaw a gwynt,
Diddig fugeiliaid oeddynt.
Rhwng llwyni'r drysi a'r drain
Bu'u trefi cyn bod Rhufain.

Rhydd a hardd henfro oedd hi,
A theyrnas heb dreth arni;
Ni roes traws fradwrus droed
Hyd ddirgel elltydd Argoed:
Hen ei hallor a'i stori,
Hen oedd ei llên ddiwall hi.

Ond tros Gâl daeth trais y gelyn,—dristed
   Fu'r darostwng sydyn;
   Ildio i lid,—wele wedyn
   Nos gwarth ar ei hanes gwyn.

Derbyn cardod; cymodi
A wnaeth ei holl lwythau hi;
Aeth yr hen linach i'w thranc,
Rhufain oedd piau'r ifanc.
Gloywiaith Gâl aeth o go',
Rhufeiniwyd pob tref yno.

Tros Gâl daeth trais y gelyn,
A hyd goed Argoed ei hun;
A cherddodd gormes Cesar
Un dydd trwy ei gelltydd gwâr.

Chwiliasant am wych lysoedd
A thirion dai, eithr nid oedd
Ar ôl ond dellt diolwg
A thai moel dan blethau mwg.

Ple'r aeth gwâr genedl Argoed
A golud cudd gwlad y coed?

Â'i sôn am lwgr-wasanaeth
I'w llysoedd oll y wŷs ddaeth:

'Iau'r oergur ym mro Argoed
Ni wybu'r un mab erioed.
Ond awr ddig llygredigaeth,—
Dydd hyll caethiwed a ddaeth.
*Na byw'n hen a derbyn iau
Y llengoedd, gwell yw angau!*'

    *   *   *

Ple'r aeth gwâr genedl Argoed
A golud cudd gwlad y coed?
Ei hanes hi sydd dan sêl,
Diwedd Argoed oedd ddirgel.

Ond balchder Argoed i'r byd a erys
Er rhawt y gwyfyn yn wefr atgofus
Yn nwfn calonnau ofnus—y rhai caeth,
I ddofi alaeth fel hengerdd felys.

Boed yn fendith i tithau,
Cais ei grym rhag gwisgo'r iau."

*   *   *

Mae gloywder y sêr di-sôn
Yn llewych uwch Caerllion;
Mud yw'r wlad dan leuad lawn,
Mud Wysg dan amdo ysgawn.
O ddail gwŷdd awel a gân
Alargerdd y nos loergan.
A'r llanc a wêl o'r llwyn cudd
Oleuni'r Gaer ysblennydd;
T'wynna 'mhell, fel tai'n ymwáu
Llond hwyrnos o lanternau.

*   *   *

Trannoeth o'r coetir unig,
A rhuddliw gwawr ar ddail gwig,
Cyn dod teg huan i'w dŵr,
Tra hunai yntau'r henwr,
Y llanc cawraidd gosgeiddig
Draw a gerdd hyd odre gwig.

A'r henwr, 'rôl hwyr hunell,
Â'i lygaid pŵl, o'i goed pell,—
A wêl drangedig rigol
Ei draed ef trwy lwydrew dôl.

103

Awdl y Dringwr

Ddoe:

Ofnus ei ddyfod trwy'r od a'r rhedyn
Yn wachul-wanllyd i chwilio enllyn;
Meinwynt y rhew yn glasu ei ewyn,
Noeth i'w frath ydoedd, heb bwyth o frethyn.
Dringodd hyd grib y dibyn, o'r helfa
A stori ei yrfa ar gallestr ei erfyn.

Ei ddod oedd ddinod,—nid fel meddiannwr
Â'i gledd y daeth, ond fel gwylaidd deithiwr,
Neu rhyw ŵyl herwheliwr—aflonydd,
Dros dir ei foelydd di-drwst drafaeliwr.

Yn y coedwigoedd ni fu cyhoeddi
Awr ei ymweliad, na thaer ymholi
Hanes ei dras yn nheyrnas y drysi:
Ni fu o lennyrch ddyrif i'w lonni,
Na thorf lawen—o eni'r etifedd,
Yn gweld ei fawredd, yn ei glodfori.

A chafodd drigfan 'rôl dringo anodd,
Uwch gwig anniddig ca'dd graig a'i noddodd;
Honno liw nos yn hael a'i hanwesodd,
Ar ei harffed galed gwae a giliodd,
Ofn y bleiddiaid a beidiodd,—a'u lluniau
Â miniog arfau'n y maen a gerfiodd.

Sgoriodd yn ddwys ac ara'—ar garreg
    Erwin lun yr helfa,
     Arni rhoi un hwyr o ha'
     Antur yr artist cynta'.

Hyd ael y bryn di-lwybr, unig
Rhyw ddieithr ŵr ddaeth o'r wig,
Dros dyle troediwr petrus,
Arwydd o'i fraw oedd ei frys.

Wyneb rhwth fel epa'r allt,
Gŵyr ei war, garw ei hirwallt;
Ael drymaidd a chul dremynt
Wrth wrando ar gyffro'r gwynt.
Meddwl pŵl o fewn y pen,
Helfa ei unig elfen.

Eto, fin nos, arhosai
Ar glir drum a'r gwawl ar drai,
I hir wylio'r gorwelion
A gweld haul yn ffaglu ton;
Gweled aur y rhigol deg
Yn sgleinio'n sigl y waneg.

Weithiau tra'n llesg ymwthio
Drwy y drain, fe dariai dro
Yn sŵn telori diail
Aderyn du draw'n y dail.

A charai fynych aros
A gwylio'r nen ar glir nos,
Gweld y lloer bendrist, ddistaw,
Gweld yr Eirth trwy'r gwagle draw.

Ond pan ddôi gwarchae gaea'
A dŵr llyn dan efyn iâ,

Awel lem yn deifio'r wlad
A newyn yn ei chnoad,—
Fe droai'n flaidd ar drywydd
Elain yr allt a'i law'n rhudd;
Hyd foel lwyd bwystfil ydoedd,
Arswyd hil y fforest oedd.
Aflan anian fileinig
Ar rawd gwaed yn rhodio gwig;
Ac âi nwyd pob breuddwydio
O'r gwylltir hen ar goll dro.

Ond eilwaith o lwyn deiliog
Clywyd cân bryfoclyd cog,
Ac i'r llethr ar gwr y lli
Dôi anadl y dadeni.
Yntau ar bell bentir ban
Ddihunai yng ngŵydd anian,
A dôi, fel gwlith bendithiol,
I'r fron oer, y wefr yn ôl.
Gweld yr haf a gwylio'i drai,—
Am ei firagl myfyriai.
Gweld dewin hydref hefyd
Yn rhoi i'r drain ei aur drud;
A'r du oerwynt o'r dwyrain
A'i gad rew'n diosg y drain.

Yr oedd i'r adar eu ffyrdd a'u rheidiau,
Ac i'r bwystfilod oll eu defodau,
Eithr i ddyn a'i ddieithr ddoniau—ni bu
Neb i rannu cyfrinach y breiniau.

Un nos daeth geneth ystwyth a gwinau
I'w aelwyd unig; rhuddliw ei danau
Eglur, a'r bras aroglau,—a'i denodd,
A'i hofn a giliodd o fewn y golau.

A theimlodd hugan ei nerth amdani
Yn dirion nodded, yn darian iddi;
Dyhead amddifad oedd ymddofi
Â thid cadernid ei ddyndod arni.
Daeth heb ei chymell o'r gelli—yn swil;
Rhaid yr un eiddil yw'r dewr i'w noddi.

A·hi a ddug iddo ei gwae a'i heddwch,
Dyddiau dioddef a chlyd ddedwyddwch,
Oriau galar ac elwch—fu iddo
O roi ei ddwylo ar ei heiddilwch.

Bu honno'n rhoddi beunydd—ryw angerdd
I'w ddringo anghelfydd,
Ac â'i dirgel ddarfelydd,
Llywio'i ffawd pan gollai ffydd.

  *   *   *

Lluniodd i'w dafod iaith bêr ei nodau;
Araf y'i bathwyd i'w eirf a'i bethau,
Ac yn sŵn cytgan seiniau,—fe dyfodd
Yn fardd a garodd gyfaredd geiriau.

Ganwaith bu'n gwrando dilestair nodau
Afonig unig rhwng gŵyr geulannau,
Ac o risglo unwaith gyrs y glannau
A'u naddu,—heb wybod lluniodd bibau,
A thynnu â chwyth o'i enau,—yn wyrthiol,
Ryw gywair swynol o'r ir gorsennau.

Llu'r hafau pell a rifwyd
A'r ogo' lom a'r graig lwyd
O fodd yn hendref iddo.

107

Wedyn ar fryn ucha'r fro
Wele'i gaer uwch perygl gwŷdd,—
Caer faen mewn cwr o fynydd.
A dirwynai draw uniawn
Gudynnau mwg o'i dân mawn;
Ac ar dâl y garw dyle—
Hytir o dir tua'r de;
Yno hyd rwn cnydiai'r ŷd
A chaer o gylch ei weryd.

Y ddaear henddwys! Bu'n arddwr ynddi,
A byw ddoethineb a ddaeth ohoni;
O rin hen ei bronnau hi—ca'dd rhag siom
A llid y storom ddiball dosturi.

Hir fu'i daith anorfod o
O'r wig a gwyll yr ogo'.

     *   *   *

Heddiw:

Fry uwch crib erch y dibyn
Hardd eu gwedd yw'r bröydd gwyn;
Arnynt mae bythol oerni;
O'u llethrau i lawr daw llathr li
Yr "avalanche" a chwerw floedd
Cynnen yr hen ddrycinoedd;
Ac ni thraidd gweniaith yr ha'
I'w claer binaclau eira.

Mae am yddfau'r llethrau llwyd
Eira oesol nas treisiwyd.

Daear yr hen gredoau,—henfro gêl
    Ofergoelion oesau,
  Yno fyth mae'r dychrynfâu
  A thir dieithr y duwiau.

Ac i'w drum gwydr y mae gwâl
Y duw sy'n rhannu dial,
Ei sedd unig sydd yno,
A neidia'r mellt o'i drem o.

Llawer canrif a rifwyd
Yng nghalendrau'r llethrau llwyd
Heb i neb feddiannu iâ
Llechwedd y gripell eitha'.
Llawer dewr fu'n cellwair dod
O'r nawsaidd ddyffryn isod;
Dringo draw o gysgod gwŷdd,—
Dymuno gwyrfdod mynydd:
Ac yn lluwch gwyn y llechwedd
Ni ŵyr byd fan oer eu bedd.

Eithr un dydd ar y llathrwyn dir
Atolwg, mintai a welir.

Ac yn eu plith un—Tensing y Dringwr!
Hwn yw y corrach â ffydd concwerwr
Yn ei fron. Mae'n ddifraw ŵr,—a'r bannau,
Wedi hir oesau, a edwyn dreisiwr.

Ac nid didramwy mwyach—yw eira
    Gwyryf llawr y gilfach;
  Pob trumell bell, pob crib iach,—
  Fe ŵyr hwn eu cyfrinach.

Nis lludd y Dringwr gwrol—ar y graig,
　　Y garw wynt llifeiriol,
　Draw ym mhair y storm heriol
　Ni threia'i nerth, ni thry'n ôl.

Nis lludd gwae'r bythol aea'—na lluwch ôd
　　Ei anorfod yrfa;
　Ymladd her y moelydd iâ
　Wna'r cawr bach i'r crib ucha'.

Duw'r mynydd o'i drum anial
A wêl o draw leidr ei wâl.
Myn gau pob adwy mwyach,—
Rhwystro siwrnai'r fintai fach.

Fe eilw yn awr ar ei filain oerwynt
Mewn sgorn ac ymffrost, a theifl drostynt
Luwch o'i galch dan lach y gwynt,—ni cheir hedd
Na thrugaredd rhag rhuthro ei gorwynt.

A chwyd ei fâr wrth warchod ei fawredd,
A llethir â niwl y llathrwyn oledd
I guddio gwg ei ddig wedd;—hwythau'n daer
I ennill y gaer anial lle gorwedd.

Ni bu anos ymosod
Na'u hwrdd hwy ar geyrydd ôd.
Rhag ildio'i her geilw y duw
Ar bob rhwystr, ar bob rhyw ystryw.

Yntau Tensing y Dringwr
Yn tramwy hyd adwy'i dŵr;
Nid ofna'i gast, na'i hafn gêl
Na garw guwch ei graig uchel.

Eithr ei gynhaliaeth yw'r egni ola',
Rhad ewyllys yn yr awr dywylla',
Er llyffethair yr eira—ni thry'n ôl
Yn orig lethol y perygl eitha'.

Wedi'r gost daw i'r gwastad,
I echrys dŵr ucha'r stâd:
Gorfoledd, er llesgedd llwyr,
Fu gorchfygu'i erch fagwyr.

Ac megis unben ennyd,—
Yn rhodiwr balch ar do'r byd,
Y saif yn fentrus ifanc,
Yn fwy na thrais, ofn na thranc.
Nis dawr grymuster cerrynt
Rhew nac ôd na dwrn y gwynt.

Â'i draed ar ben gwydr-do'r byd
Gŵyr rin rhyw ddilwgr ennyd.
Aeth dyfal ing y dringo,
Y dreth a'r gost aruthr, o go',
A rhyfedd orfoledd fu
Ar gorun y graig wyry.

Ond—â'i war tua'r storom
A'i gormes hir—gŵyr am siom—
Sy'n fwrn pen draw pob siwrnai,
Pan â llwydd y gamp yn llai
Na'r hyder; a gŵyr wedyn
Nad yw holl siwrneiau dyn
Namyn cam o'i unig hynt
Ar dylc'i rawd a'i helynt.

Yfory:

Hir fu'i daith anorfod o,—hir a gŵyr
    Ac araf fu'r dringo;
    Ennill llethr, yna llithro,
    A hawlio'i drum yr ail dro.

Weithian dros bum cyfandir—ein dae'r hen
    Sŵn ei draed a glywir,
    Nid oes bryn na dyffryn dir,
    Na dinas nas adwaenir.

Nid oes dyfnfor nas moriwyd,—na gwynion
    Begynnau nas troediwyd,
    Na thir moel hysb, na thrum lwyd
    Un tir uchel nas trechwyd.

Ei blaned wibiol heno—yn gafell
    Gyfyng i'w gaethiwo,
    Ynys droell i'w lestair o
    A dewr angerdd y dringo.

A cheir uwch ei charchar hi
Awyr las i'w harloesi!

Gwêl heno filoedd y gloyw nefolion,
A thaer yw galwad eu maith ddirgelion;
Mwyn yw cilio ar orchymyn calon
Fin nos i gyrrau Fenws ac Orion;
Cyrchu gwagle'r sêr di-sôn—o'i rwymau,
Dringo i'r rhodau draw yng Nghaer Wydion.

O'i fwrw doe o fru Daear,
Ŵr eiddig, hardd—hi a'i câr;

Hi a'i deil ef â dolen
Ei hiraeth wrth ei chroth hen;
Ac fel mam gafael y mae,
Ac â'i serch cais ei warchae.

Yntau'r mab yn mentro 'mhel
Â rhin y pellter anwel;
Nid oes gomedd dwys gymell
Golau'r ffin ddisglair a phell.
Rhag ei ddi-adlam dramwy
Ystryw mam nis rhwystra mwy;
Fe ddaw ryw ddydd ffordd rhyddhad
O garchar ei disgyrchiad.

I'w gymell draw i'r pellter
Daw llais hud y lliaws sêr.

Fe ddaw i'w glyw mewn swyddfeydd gloywon,
A deil i'w annog uwch trwst olwynion.
Yn y dref, fel sŵn dŵr afon—ar daith,
Daw'r eco eilwaith i ddyfnder calon.

Trywanu awyr i'w fenter newydd
Ydyw'r breuddwyd hwyr a boreddydd,
Dihoeni am adenydd! Ac am stâd
Draw yn y Cread di-dranc yw'r awydd.

A gaiff ryw ddydd wedi'r pell chwyrnellu
Landio'i awyren ar blaned wyry
Ddi-hanes, a meddiannu—ei hiengtid,
Canfod ei rhyddid cyn ei fudreddu?

Lle ni bydd dannod yr hen bechodau,
Na chenedl ar genedl yn troi'i gynnau,

Lle ni cheir chwerwedd, twyll na charcharau,
Gormes a thrinoedd, na grymus thronau;
Lle gall dynion â doniau—diddichell
Lywio â barn well heb yr hen wallau.

A ddaw yno fentrus hil i'w ddilyn,
Dihalog ach yn dod i ail-gychwyn,
Heb yr un staen, lwybr hanes Dyn?—A treftad
A roed i'w had fydd y Cread wedyn?

A hyd eithaf ffurfafen
Y gwron bach geir yn ben,
A'r sêr fu 'nghyn ers cyn co'
O'u graddau'n gwyro iddo!
Yng nghymhlethdod bod a byw
Difraw nod y fron ydyw.

        *   *   *

A châr yn fynych aros
A gwylio'r nen ar glir nos;
Gwylio'r lloer bendrist, ddistaw,
Gweld yr Eirth trwy'r gwagle draw.
Gwylio Mawrth ar dreigl ymhell
Fel gem yn dyfal gymell;
Gweld gloywder Gwener ac Iau
Uwch ben du guwch y bannau.

Synio, gwylio'r dirgelion,
A'r dyheu'n frwd yn y fron.